MERETRIZES E DOUTORES

MAGALI ENGEL

MERETRIZES E DOUTORES

*SABER MÉDICO E PROSTITUIÇÃO
NO RIO DE JANEIRO (1840-1890)*

editora brasiliense

Copyright © by Magali Gouveia Engel, 1988
Nenhuma parte desta publicação pode ser gravada, armazenada em sistemas eletrônicos, fotocopiada, reproduzida por meios mecânicos ou outros quaisquer sem autorização prévia da editora.

ISBN: 85-11-08067-8
1ª edição, 1989
1ª reimpressão, 2004

Copydesk: *Ars Typographica*
Revisão: *Iraci Kishi e Izabel de Melo Rodrigues*
Capa: *Moema Cavalcanti*
Foto de Capa: *Malta, c. 1910. Arquivo do MIS*

Dados Internacionais de Catalogação na Publicação (CIP)
(Câmara Brasileira do Livro, SP, Brasil)

Engel, Magali
  Meretrizes e doutores : saber médico e prostituição no Rio de Janeiro (1840-1890) / Magali Engel. – São Paulo : Brasiliense, 2004.

  1ª reimpr. da 1ª. ed. de 1989.
  Bibliografia.
  ISBN 85-11-08067-8

  1. Prostituição - Rio de Janeiro (RJ) - História - Século 19 2. Prostitutas - Saúde e higiene - Rio de Janeiro (RJ) 3. Rio de Janeiro (RJ) - Condições sociais I Título.

04-3278   CDD-306.740981531

Índices para catálogo sistemático:
1. Rio de Janeiro : Cidade : Prostituição e medicina : Condições sociais : Sociologia   306.740981531

editora brasiliense s.a.
Rua Airi, 22 – Tatuapé – CEP 03310-010 – São Paulo – SP
Fone/Fax: (0xx11) 6198-1488
E-mail: brasilienseedit@uol.com.br
www.editorabrasiliense.com.br

livraria brasiliense s.a.
Rua Emília Marengo, 216 – Tatuapé – CEP 03336-000 – São Paulo – SP
Fone/Fax (0xx11) 6675-0188

Sumário

Agradecimentos 7

Apresentação 11

1. A cidade, as prostitutas e os médicos 17
   A linguagem social do espaço urbano
   O lugar do discurso; a academia dos médicos

2. A prostituição como objeto do saber médico: um território inexplorado 53

3. Girando as lentes do microscópio: a definição dos significados da doença 71
   A sexualidade pervertida: a dimensão física do corpo doente
   A depravação sexual: a dimensão moral do corpo doente
   O comércio do prazer: a dimensão social do corpo doente

4. Do diagnóstico à prescrição dos medicamentos: as propostas de controle da prostituição 103
   O projeto de regulamentação sanitária da prostituição pública
   A crítica anti-regulamentarista
   O consenso em torno das medidas profiláticas
   A recuperação da prostituta e as medidas regeneradoras

5. Conclusão 137

Fontes 141

Bibliografia 145

Agradecimentos

Dos primeiros passos da pesquisa à confecção do texto final, não posso dizer que a trajetória tenha sido árdua, pois, na superação das dificuldades e obstáculos, contei, de um lado, com o fato de ter me apaixonado pelo tema e, de outro, com a ajuda valiosa de muitas pessoas. Mesmo correndo o risco de cometer algumas injustiças por esquecimento, gostaria de agradecer aqui a algumas dessas pessoas.

À professora Margarida de Souza Neves, pelo constante incentivo, através da orientação cuidadosa e da crítica apurada. Aos professores Francisco J. Calazans Falcon e Ciro F. Santana Cardoso, membros da banca examinadora, pelo estímulo e pelas sugestões críticas desde que a dissertação era ainda um projeto. Aos professores Maria Clementina P. Cunha, Edgar S. de Decca e Sidney Chalhoub, da UNICAMP, por terem incentivado e viabilizado a publicação do trabalho. Aos meus colegas do Departamento de História da UFF, especialmente a Afonso C. Marques dos Santos, por algumas sugestões, dentre as quais o título do primeiro capítulo, e a Luís C. Soares, companheiro de mesas e seminários onde se discutiu o tema da prostituição. Às funcionárias do Curso de Pós-Graduação em História, Maria Lúcia, Olívia e Maria Clara, pela delicadeza e atenção com que sempre me trataram. A Carolina Magalhães e Olívia M. dos Santos Gomes, por terem me auxiliado no trabalho de pesquisa das fontes. A Zita e Alcinéia, por terem permitido a minha liberação das tarefas domésticas. E a todos os meus alunos que, de alguma forma, colaboraram na realização deste trabalho.

Gostaria, ainda, de deixar registrado um agradecimento especial às pessoas que, além deste trabalho, têm participado e contribuído para muitas outras conquistas. Aos meus pais, aos meus tios Geraldo e Ana, a Margret, a Elizabeth, a Ingrid, ao Carlos e ao Edson, com quem sempre pude contar, em todos os momentos e em todos os sentidos. A Francisco Soeiros Medeiros, que deixou muita saudade e a quem, por ter vivido tão de perto e, infelizmente, de forma trágica muitos dos desdobramentos da história aqui contada, dedico este trabalho. Aos meus amigos do peito André L. Vieira de Campos, Carlos A. Addor, Marcos W. de Freitas Reis, Martha A. Esteves, Rachel Soihet e Sônia R. de Mendonça. A Izabel C. M. de Barros e a Luís V. T. de Azevedo, companheiros nos caminhos e descaminhos percorridos nas tentativas de despertar a "princesa adormecida". A Ronaldo Vainfas, que sempre me incentivou, mesmo quando me parecia muito difícil prosseguir. Ao amigo de sempre Marcos Igrejas. A Sônia e Sérgio Martins pelos finais de semana em Búzios, onde me proporcionaram a paz e a serenidade que eu tanto precisava. Aos companheiros na aprendizagem de passos mais firmes na areia oscilante da praia, especialmente José Luiz Belas, André Damásio, Artur C. R. de Castro e Sônia M. C. C. Haddad. E, finalmente, agradeço de um modo muito carinhoso a Paulo Accorsi Júnior que, através da convivência cotidiana, fez renascer a crença na possibilidade de se crescer e construir a dois.

"É preciso que a história deixe de vos aparecer como uma necrópole adormecida, onde só passam sombras despojadas de substância. É preciso que, no velho palácio silencioso onde ela dorme, vocês penetrem, animados da luta, todos cobertos da poeira do combate, do sangue coagulado do monstro vencido — e que, abrindo as janelas de par em par, avivando as luzes e restabelecendo o barulho, despertem com a vossa própria vida, com a vossa vida quente e jovem, a vida gelada da Princesa adormecida..." (Lucien Febvre, Combates pela História, *1952.)*

Apresentação

O presente estudo foi desenvolvido, originalmente, como dissertação de Mestrado para o curso de Pós-Graduação em História da Universidade Federal Fluminense, defendida em setembro de 1985. As alterações do texto original limitaram-se a transformá-lo em um livro e a incorporar as sugestões que nos pareceram procedentes, formuladas por aqueles que se dispuseram a realizar uma leitura crítica do trabalho.

Na análise das transformações pelas quais passavam as principais cidades brasileiras no século XIX, Gilberto Freyre confere à prostituição um lugar de destaque, além de registrar a existência de fontes relativamente abundantes sobre o tema. Assim, a partir da leitura de Sobrados e Mucambos começamos a nos interessar pelo estudo da prostituição. A primeira idéia era a de fazer uma história da prostituição na cidade do Rio de Janeiro no século passado. Logo percebemos que o que se pensava e o que se dizia sobre a prostituição traziam implícita a perspectiva de normatizar, de acordo com padrões burgueses, os comportamentos sexuais, afetivos, sociais etc. dos indivíduos que habitavam a cidade. O significado que esta intenção normatizadora do espaço e dos corpos teria assumido não apenas na própria época mas também nos dias em que vivemos suscitou a nossa curiosidade no sentido de compreendê-la melhor. Daí a mudança no projeto original: de uma história da prostituição passamos a uma história das idéias sobre a prostituição no século XIX. Isto significou a mudança do objeto de estudo, que passou a ser não mais a prostituição, mas sim os discursos sobre a prostituição. A postura diante dos textos também se modificou: deixamos de concebê-los como fontes de informação para considerá-los, tãosomente, como "processo de significação, lugar de sentidos".[1]

Optamos por empreender uma análise, básica e prioritariamente, voltada para os textos médicos sobre a prostituição, produzidos na cidade do Rio de Janeiro, entre as décadas de 1840 e 1890 — tais como teses da Faculdade de Medicina do Rio de Janeiro, memórias, artigos e debates publicados nos Anais da Academia de Medicina. Ao procedermos assim, consideramos que caberia à medicina social um lugar de destaque na tarefa de conter aquilo que era visto como o "caos urbano herdado do período colonial", através da produção de um conhecimento que continha a perspectiva de intervenção sobre todos os aspectos do cotidiano urbano, dentre os quais a prostituição. O papel efetivo que o saber médico desempenharia neste sentido parece evidenciar-se no fato de que as demais abordagens da prostituição na cidade do Rio de Janeiro — literárias, policiais, jurídicas etc. — tendiam a se orientar em torno dos eixos estabelecidos pelo enfoque médico da questão. Lembre-se, ainda, que a perspectiva médica de *ordenar* a *desordem urbana*, viabilizando as mudanças que anunciavam a construção de uma ordem burguesa na sociedade brasileira, se fez presente de um modo particularmente significativo nas reformas que marcaram a administração do prefeito Pereira Passos, entre 1902 e 1906.

Os nossos objetivos se orientam, pois, no sentido de contribuir para a compreensão dos principais aspectos que caracterizaram a versão médica do projeto de ordenação social do espaço urbano, formulado em meio a um período de profundas transformações na cidade do Rio de Janeiro. Não temos a intenção aqui de dar conta do universo das resistências populares às tentativas de implantação deste projeto e nem mesmo das divergências entre os diversos segmentos da elite quanto à questão da *modernização* da cidade.

Na elaboração de um saber que buscava normatizar a vida cotidiana da cidade nos seus mais variados aspectos e seguindo

---

1. E. Orlandi, *A Linguagem e seu Funcionamento*, São Paulo, Brasiliense, 1983, p. 183.

bem de perto os passos percorridos pela medicina européia no sentido da construção de um discurso sobre o sexo, os médicos brasileiros do século passado revelavam uma preocupação, cada vez mais explícita, com a sexualidade, expressa, por exemplo, na abordagem de temas tais como o amor, o casamento, a prostituição e o aborto. Aqui, como em outras partes do mundo ocidental, intensificava-se o processo no qual *a vontade de saber do cientista*, transformando o *corpo*, o *desejo* e o *prazer* em objetos do conhecimento, formulava um discurso sobre o sexo que não era "unicamente o da moral, mas da racionalidade".[2] Tratava-se, pois, das origens de uma *ciência sexual* que, produzindo o sexo como objeto de conhecimento, desenvolver-se-ia através de investigações sobre o comportamento sexual em várias áreas do conhecimento, entre as quais destacam-se, particularmente, a medicina, a demografia, o direito, a economia, a pedagogia, a psiquiatria, a psicanálise e, mais recentemente, a sexologia — que, como observou Marilena Chauí, representa uma espécie de coroamento do processo de *cientificização do sexo*.[3]

Este *novo falar do sexo*, inaugurado em fins do século XVIII e difundido ao longo dos séculos XIX e XX, assegurou, efetivamente, uma libertação sexual ou, ao contrário, representou a formulação e a execução de uma nova estratégia de controle do corpo e do sexo mais adequada às exigências de *normatização* das sociedades burguesas? De qualquer forma, dos médicos do século passado — que definiam o casamento como único espaço legítimo para o exercício do prazer — aos sexólogos dos nossos dias — que, às vezes, concebem os orgasmos obtidos entre parceiros do mesmo sexo tão legítimos quanto os alcançados nas relações heterossexuais[4] — um longo caminho foi percorrido.

Tempos diferentes de um mesmo processo, o da constituição de uma *ciência sexual*, cujos desdobramentos nos afetam hoje de modo angustiante e violento. Buscar identificar e compreender melhor suas origens talvez represente uma contribuição no sen-

---

2. M. Foucault, *História da Sexualidade I*, 3.ª ed., Rio de Janeiro, Graal, 1980, p. 27.
3. M. Chauí, *Repressão Sexual*, 3.ª ed., São Paulo, Brasiliense, 1984.
4. Cf. A. Béjin, "O poder dos sexólogos e a democracia sexual", in P. Ariès, e A. Béjin (orgs.), *Sexualidades Ocidentais*, São Paulo, Brasiliense, 1985.

tido de encontrarmos uma opção mais adequada e satisfatória de contestação ao controle exercido sobre nossa individualidade. Como afirma Maria R. Kehl num artigo intitulado "Sauna, angústia e lanchonete", "fazer o jogo do poder" é "fechar os olhos para a mistificação" contida na idéia de uma liberação sexual conquistada.[5] Talvez valesse a pena, portanto, pararmos para refletir melhor sobre o significado da "revolução sexual" dos anos 60, tão festejada como símbolo de libertação. Em primeiro lugar, é preciso não esquecer que, como observou Foucault, as nossas próprias fantasias eróticas continuam prisioneiras do vínculo que insistimos em estabelecer entre o nosso prazer e o poder de "driblar" as interdições vigentes no âmbito da sexualidade.

É certo que, a partir da década de 60, houve algumas mudanças nos hábitos e posturas sexuais; mas vistas e digeridas, bem ou mal, como sinal do "progresso" dos tempos pelo senso comum, estas mudanças são ratificadas pela intervenção crescente de saberes científicos, "neutros" ou "isentos de preconceitos" — é bom não esquecer que devemos a descoberta e a disseminação do uso da pílula anticoncepcional ao "progresso científico". Estes saberes continuam, portanto, ditando as normas e fixando os procedimentos que assegurem um "bom desempenho sexual", através, por exemplo, da obtenção do orgasmo e do máximo de prazer nas relações sexuais. Continuam, enfim, definindo os limites da *sexualidade sadia*. Limites, certamente, bem mais amplos e flexíveis do que aqueles estabelecidos pelos médicos do século XIX, mas que nem por isso deixam de assegurar — e, talvez, de uma forma até mais eficiente — o controle e a disciplinarização dos corpos e dos comportamentos sexuais.

Tomemos como exemplo o ideal da mulher física e mentalmente *saudável* difundido nos nossos dias pelas mais variadas instâncias do saber: trata-se da imagem da mulher "liberada" que, vencendo todos os preconceitos, deixou de ser "passiva" — não só em termos sexuais, mas também afetivos e sociais —, *devendo* ser capaz de chegar sempre ao orgasmo — de preferência através da penetração —, garantindo, assim, o seu próprio

---

5. M. R. Kehl, "Sauna...", in G. Mantega (coord.), *Sexo e Poder, Cadernos do Presente 3*, São Paulo, Brasiliense, 1979, p. 53.

prazer e o do seu parceiro. Lembre-se, ainda, que o modelo do corpo *saudável*, construído pelos higienistas do século passado — em oposição ao corpo "flácido" e, portanto, "física, moral e socialmente doente"[6] —, foi difundido com tal êxito que, hoje, constitui a base dos padrões estéticos que definem não apenas a beleza feminina, mas também a masculina. Para constatarmos isto, basta que observemos os modelos veiculados pelo sistema publicitário.

E, no entanto, todos estes "ganhos", que expressam a eficácia da sofisticação das estratégias de disciplinarização do sexo, parecem não ser suficientes: assistimos, hoje, à transformação da AIDS num instrumento de controle da sexualidade não menos sutil, nem tão distinto da sífilis, que vigorou durante o século XIX e princípios do XX. Não é, pois, de se estranhar que, em 1987, o delegado aposentado, Teles de Menezes, inspirado nas velhas propostas de regulamentação sanitária da prostituição — formuladas por médicos e chefes de polícia no século passado —, apresente um projeto para retirar "... todas as prostitutas da Boca do Lixo (SP) e colocá-las numa área cercada e identificá-las por número, com a presença de policiais".[7]

Buscando estabelecer o vínculo entre os textos médicos sobre a prostituição e as condições históricas que tornaram possível a sua produção, procuramos analisar, no Capítulo I, o novo perfil que o Rio de Janeiro foi adquirindo ao longo do século XIX. A diversificação das atividades urbanas, bem como a complexificação de sua estrutura social, tornavam a cidade cada dia mais desconhecida e, portanto, mais assustadora aos olhos daqueles que se dispuseram a *desvendá-la, classificá-la* e *ordená-la*. Entre estes observadores, os médicos ocupariam um lugar de destaque, *identificando* os elementos responsáveis pela situação *caótica* da cidade e transformando-os em objetos de investigação.

No Capítulo II, discutimos os aspectos que marcaram, a partir de meados da década de 1840, o processo de incorporação da

---

6. Cf. J. F., Costa, *Ordem Médica e Norma Familiar*, Rio, Graal, 1979; e M. A. Esteves, *Meninas Perdidas: os populares e o cotidiano do amor no Rio de Janeiro da "Belle Époque"*, Niterói, 1987, dissertação de Mestrado, mimeo.
7. G. S. Leite, "As prostitutas se organizam", entrevista concedida à *Tribuna da Imprensa*, Rio, 20/07/1987.

temática da prostituição como objeto do saber produzido na comunidade médica do Rio de Janeiro. A partir do enfoque foucaultiano sobre o papel da medicina na elaboração de um discurso da sexualidade no século XIX, procuramos destacar o significado e a importância do *ato de falar* sobre a prostituição. Cedendo à "vontade de saber", o médico ultrapassa as interdições morais que pesavam sobre o tema, mesmo sem chegar a destruí-las completamente.

Definida antes de tudo como *doença*, a prostituição adquire, no discurso médico, um significado bastante amplo. A análise do campo semântico das palavras *prostituição* e *prostituta*, desenvolvida no Capítulo III, revela que o sentido da *doença* não se restringe ao aspecto físico, compreendendo também uma dimensão moral e uma dimensão social. Assim, a prostituição é classificada pelo médico como uma *ameaça* que, transcendendo a extensão física do corpo, atinge a família, o casamento, o trabalho e a propriedade.

Depois de diagnosticar a *doença* como um *perigo* que coloca em risco a *saúde* do indivíduo, da família e, até mesmo, da nação, o médico lança-se à tarefa de sugerir os meios mais adequados de tratamento. Este é o assunto que nos ocupa no Capítulo IV, onde examinamos o conjunto das propostas de controle da prostituição, procurando enfatizar os pontos divergentes e os pontos consensuais que caracterizam o discurso. Quanto às medidas diretas que deveriam incidir sobre a prostituição pública, observamos a presença de duas perspectivas: uma favorável e outra contrária à regulamentação sanitária, sendo a primeira predominante numericamente. Por outro lado, no que se refere à profilaxia da *doença da prostituição*, de caráter profundamente abrangente, as discordâncias desaparecem, explicitando-se, assim, o compromisso comum com o projeto de ordenação higiênica do espaço social da cidade.

Feitas todas estas considerações, esperamos ter despertado no leitor a vontade de mergulhar conosco no mundo que os médicos pretenderam construir não apenas para as prostitutas, mas para todos os homens e mulheres que viveram na cidade do Rio de Janeiro no século passado.

Verão de 1988

1.
A cidade, as prostitutas e os médicos

"De vez em quando uma rótula aberta e dentro uma sombra. Que lugares eram aqueles? O outro mundo! A outra cidade!" (João do Rio, Cinematógrapho, Crônicas Cariocas, 1909.)

A linguagem social do espaço urbano

Durante o século XVIII, a cidade do Rio de Janeiro desenvolve-se como núcleo urbano em função da posição de principal porto escoador da produção mineira e, a partir de 1763, de centro político-administrativo. A transferência da Corte portuguesa bem como a abertura dos portos determinaram, a partir de 1808, um impulso considerável no processo de crescimento da cidade. Desde então, o aumento populacional tende a acentuar-se pela fixação de portugueses — e, em menor escala, de franceses, ingleses etc. — incentivada pelo desenvolvimento das atividades administrativo-burocráticas, comerciais e artesanais. A partir dos anos 1840, com a presença cada vez mais expressiva de capitais provenientes do setor cafeeiro do Vale do Paraíba, verifica-se a emergência ou ampliação de novas atividades nos mais variados setores da economia urbana. Com a abolição do tráfico africano em 1850, parte dos capitais até então majoritariamente empregados no comércio de escravos foi liberada e pôde ser investida nas atividades emergentes. Além disso, constata-se uma presença mais efetiva de capitais estrangeiros, notadamente ingleses, atraídos pela ampliação das possibilidades de investimento — crédito, transportes, seguros, serviços ligados à infra-estrutura urbana etc. Os setores comercial, manufatureiro e de serviços, de um modo geral, apresentaram, pois, crescimento e diversificação consideráveis, tornando o perfil econômico-social da cidade mais complexo. Contudo, somente na década de 1880, a cidade do Rio de Janeiro despontaria como o principal centro fabril do País, posição que perderia para São Paulo em princípios dos anos 20.

O crescimento demográfico da cidade, ao longo do século XIX, revela-se como um índice importante para a avaliação das transformações que modificavam, paulatinamente, o seu perfil. Em 1799, a população compunha-se de um total de 43.376 habitantes. Segundo D. Renault, quando chegaram à cidade as 15 mil pessoas que compunham a Corte do Príncipe D. João, o Rio de Janeiro já possuía cerca de 60 mil habitantes.[1] Em 1821, a cidade atingia um total de 112.695 habitantes; em 1838, de 137.078; e, em 1850, a população era de, aproximadamente, 200 mil habitantes. O aumento populacional sofreria uma intensificação, ainda mais significativa, entre 1870 e 1890, quando a cidade passou de, aproximadamente, 250 mil para 500 mil habitantes.[2] Segundo E. M. L. Lobo, o crescimento da população, a partir dos anos 1870, apresentou uma taxa muito mais elevada do que a verificada em anos anteriores,

"... em virtude da migração de escravos libertos da zona rural para a urbana, à intensificação da imigração e ao saneamento do Rio de Janeiro (controle da cólera-morbo, e da febre amarela)...".[3]

O Rio de Janeiro era, na época, a cidade mais populosa do País: em 1906 já possuía mais de 500 mil habitantes, enquanto São

1. Cf. D. Renault, *Indústria, Escravidão, Sociedade*, Rio, Civilização Brasileira, 1976, p. 119.
2. Cf. E. M. L. Lobo, *História do Rio de Janeiro*, Rio, IBMEC, 1976, pp. 121-122 e 225-227. Os dados fornecidos pelos recenseamentos realizados no período compreendido entre 1870 e 1906 são os seguintes: 1870, 235.381; 1872, 274.972; 1890, 522.651; 1900, 691.565; 1906, 811.443. Os dados relativos aos anos de 1799, 1821, 1838, 1850, 1870 e 1872 incluem os escravos.
3. Ibid., p. 469.

A CIDADE, AS PROSTITUTAS E OS MÉDICOS   19

Paulo e Salvador possuíam em torno de 200 mil. Vejamos, pois, como as transformações até aqui assinaladas se expressaram na estratificação social da cidade.

Se no decorrer da primeira metade do século XIX, o número de escravos existentes na cidade do Rio de Janeiro tendeu a crescer, a partir de 1850 constatamos a inversão desta tendência, determinada pela extinção do tráfico africano e suas conseqüências.

QUADRO 1
Percentagem de escravos na População do Rio de Janeiro*

Ano	Total da população	N.º de escravos	Percentagem
1799	43.376	14.986	34,55%
1821	112.695	55.090	48,88%
1838	137.078	58.553	42,72%
1849	266.466	110.302**	41,39%
1856	151.776	48.282	31,81%
1870	235.381	50.092	21,28%
1872	274.972	46.804	17,15%

OBS.: * Os dados foram retirados de E. M. L. Lobo *História do Rio de Janeiro*, Rio, IBMEC, 1978. Ressalte-se que tais dados apresentam variações quanto à maior ou menor precisão, conforme as fontes de onde são extraídos.
** É provável que a década de 1840 tenha apresentado os mais altos índices de crescimento da população escrava em função da intensificação do tráfico africano.

De 1877 a 1881, o número de escravos se reduz progressivamente de 42.242 para 37.285. De qualquer forma, até 1888, quando a escravidão foi abolida, detectamos a presença relativamente significativa do trabalho escravo nas mais variadas atividades urbanas. Em 1872, a distribuição ocupacional dos escravos na cidade do Rio de Janeiro era a seguinte: artífices ou oficiais (498); marítimos (527); pescadores (174); costureiras (1.384); lavradores (5.695); domésticos (22.842); criados e jornaleiros (5.785); sendo que 9.899 não possuíam profissão.[4]

4. Para os dados citados, cf. ibid., respectivamente, pp. 259 e 281.

Tal situação reduzia bastante as oportunidades de emprego para o grande contingente constituído pelos indivíduos livres e despossuídos. Estes personagens sociais, que faziam parte do cenário urbano desde o período colonial, tornaram-se, ao longo do século XIX, numericamente, cada vez mais expressivos. O aumento crescente do número de imigrantes — notadamente portugueses — contribuiria, principalmente a partir de 1870,[5] para a ampliação destes segmentos sociais na cidade do Rio de Janeiro. De fato, as possibilidades de emprego ampliaram-se em função da complexificação da estrutura urbana. Parte deste contingente de mão-de-obra livre foi absorvido, principalmente, pelos setores comercial, burocrático-administrativo e de serviços urbanos que, como vimos, apresentaram, a partir de meados do século, um desenvolvimento considerável. Contudo, mesmo que ampliada por este desenvolvimento, a capacidade de absorção de mão-de-obra pelos setores urbanos apresentava-se muito aquém da oferta existente, principalmente se lembrarmos que o trabalho escravo continuava sendo utilizado em muitos destes setores, inclusive no manufatureiro e artesanal. Restava, pois, à

QUADRO 2

Percentagem de elementos sem profissão na cidade do Rio de Janeiro*

Ano	Total da população	N.º de elementos sem profissão**	Percentagem
1870	235.381	80.717	34,29%
1872	274.972	92.106	33,49%
1890	522.651	48.100	9,20%

OBS.: * Os dados foram retirados de E. M. L. Lobo *História do Rio de Janeiro*, Rio, IBMEC, 1978. Ressalte-se que tais dados apresentam variações quanto à maior ou menor precisão, conforme as fontes de onde são extraídos.
** Nesta categoria estão incluídos os escravos que não possuíam profissão definida.

5. Cf. ibid., pp. 228-229. Segundo a autora, entre 1856 e 1870, a média anual de imigrantes estrangeiros que permaneceram no Rio de Janeiro foi de 840,6, enquanto entre 1870 e 1872 a média foi de 2.601 por ano.

grande parcela que não encontrava uma ocupação regular, buscar a sobrevivência através dos mais variados *expedientes*. E. M. L. Lobo demonstra a importância numérica destes segmentos, através de dados extraídos dos recenseamentos realizados no período. Acrescente-se, ainda, que, segundo a referida autora, o número de elementos "sem profissão" torna-se mais expressivo se levarmos em conta que outra categoria — a de "serviço doméstico" — encobria o "desemprego disfarçado".

A crise da escravidão não modificaria o quadro de defasagem entre oferta e procura de mão-de-obra. Pelo contrário, este quadro seria agravado, à medida que o contingente de mão-de-obra disponível na cidade do Rio de Janeiro tendesse a aumentar, não só pela permanência do ex-escravo, como também pelo advento de muitos libertos provenientes das zonas rurais da província. Por outro lado, a presença do imigrante — particularmente o de origem portuguesa que, no caso do Rio de Janeiro, teria predominado sobre os demais — era bastante expressiva.

QUADRO 3

Percentagem de estrangeiros na cidade do Rio de Janeiro*

Ano	Total da população	N.º de estrangeiros	Percentagem
1849	266.466	66.907	25,11%
1872	274.972	84.283	30,65%
1890	522.651	124.352	23,80%
1900	691.565	171.716	24,83%

OBS.: * Os dados foram retirados de E. M. L. Lobo *História do Rio de Janeiro*, Rio, IBMEC, 1978. Ressalte-se que tais dados apresentam variações quanto à maior ou menor precisão, conforme as fontes de onde são extraídos.

Analisando o quadro das tensões e conflitos que marcaram o cotidiano dos populares no Rio de Janeiro da *Belle Époque* no que se refere às situações de trabalho e ao problema da habitação, Sidney Chalhoub observa que as rivalidades étnicas e nacionais assumiram, neste contexto, uma importância bastante significativa. E conclui que

"... o problema das rivalidades nacionais e raciais entre os membros da classe trabalhadora remete tanto a aspectos inerentes à mentalidade popular, já há muito internalizados por brasileiros pobres e imigrantes, quanto à conjuntura específica de transição para a ordem capitalista na cidade do Rio de Janeiro da época".[6]

É, portanto, comum encontrarmos não apenas entre os segmentos dominantes, mas também entre os próprios setores populares, concepções segundo as quais a imigração seria a principal causa do desemprego na cidade. Em um folheto que circulou em 1899 lemos: "Não podemos pensar em imigração no Brasil sem a nacionalização dos serviços da cidade".[7] Contudo, na ótica dos dominantes, a perspectiva xenófoba caracterizava-se principalmente pela freqüente associação do imigrante à idéia de *desordem social*. Alguns cronistas, mesmo escrevendo numa época posterior, guardam este tom preconceituoso. Para Luís Edmundo, por exemplo, o desemprego no Rio de Janeiro, em fins do século XIX e princípios do XX, foi determinado pela presença de

"... certos elementos alienígenas, gente que, vinda da outra banda, analfabeta e rude, não quer saber do campo, protegida que é pelos seus patrícios, e que aqui se instala, a bem dizer, monopolizando os serviços mais subalternos da cidade.
Um ou outro de espírito aventureiro, sem ambição, é que caminha mais um pouco e vai adiante até aos cafezais de São Paulo ou de Minas, até as plantações de cana pelo Estado do Rio. Raros... Raríssimos. A maioria fica a fossar os balcões de comércio a varejo, entupindo a cidade".[8]

Se úteis e desejáveis nas plantações de café e de cana, estes "elementos alienígenas" eram, mais do que dispensáveis, *inconvenientes* na cidade, pois, "monopolizando os serviços mais

---

6. S. Chalhoub, *Trabalho, Lar e Botequim*, São Paulo, Brasiliense, 1986, p. 38.
7. Citado por L. Edmundo, *O Rio de Janeiro do Meu Tempo*, 2.ª ed., Rio, Conquista, 1957, vol. II, p. 248.
8. Ibid., pp. 247-248.

subalternos", engrossavam as fileiras dos segmentos sociais que "entupiam a cidade". A trajetória do personagem Jerônimo no romance *O Cortiço*, de Aluísio Azevedo,[9] é também bastante ilustrativa neste sentido. Imigrante português, Jerônimo é o modelo perfeito do *bom trabalhador* que, depois de tentar a sorte no campo, acaba se fixando na cidade do Rio de Janeiro. Aí, residindo num cortiço, aos poucos vai sendo transfigurado, sob a influência *perniciosa* do meio, até transformar-se em *vadio*.

Observamos, assim, que o perfil social da cidade do Rio de Janeiro, na segunda metade do século passado, foi profundamente marcado pelo descompasso entre oferta e procura de mão-de-obra. Se crescia a oferta de trabalho, as oportunidades de emprego não acompanhavam o mesmo ritmo, o que, aliás, não só garantia a depreciação dos salários, como também dificultava a articulação da reação dos trabalhadores à maximização da exploração que lhes era imposta. E aos que ficavam à margem do mercado de trabalho restava apenas *viver de expedientes*.[10] A ampliação e a diversificação dos segmentos sociais desclassificados[11] são associadas, pela intelectualidade da época, à idéia de *desordem*. Muitos escritores e publicistas registraram a presença significativa destes segmentos sociais no Rio de Janeiro, através de uma linguagem que os qualificava como *indesejáveis* e *perigosos*. São os "Firmos",[12] moradores dos inúmeros

---

9. A. Azevedo, *O Cortiço*, 13.ª ed., São Paulo, Ática, 1983.
10. Sobre o agravamento do desemprego e a redução de grande parte da população à situação de "vadios compulsórios" no Rio de Janeiro da *Belle Époque*, vejam-se as considerações de Nicolau Sevcenko, *Literatura como Missão*, São Paulo, Brasiliense, 1983, pp. 51 e ss. Vejam-se, ainda, os dados fornecidos por J. M. de Carvalho, *Os Bestializados*, São Paulo, Companhia das Letras, 1987.
11. Utilizamos o conceito de *desclassificação social*, tal como este é empregado por Laura de Mello e Souza: "Não é qualquer não-inserção que conta — a da feiticeira, a do louco, a do oniromancista, todas elas circunstanciais e episódicas —, mas a não-inserção motivada por dados estruturais: a pobreza torna-se, assim, o primeiro — mas não o único — dentre os agentes desclassificatórios" (L. de M. e Souza, *Desclassificados do Ouro*, Rio, Graal, 1982, p. 14).
12. O personagem Firmo do romance *O Cortiço* é caracterizado como "...um mulato pachola, delgado de corpo e ágil como um cabrito; capadócio de marca, pernóstico, só de maçadas, e todo ele se quebrando nos

cortiços que vinham se disseminando pela cidade. São os "sórdidos habitantes" dos becos próximos à rua da Misericórdia, à rua Dom Miguel e ao Largo do Moura que, segundo Lima Barreto, "haviam caído na mais baixa degradação..."[13] São, enfim, nas palavras de João do Rio, "... os inconscientes aplicadores à vida das cidades daquele axioma de Lavoisier — nada se perde na natureza".[14] Note-se, ainda, que esta noção de *periculosidade* aplicada não apenas aos desclassificados, mas a todos os segmentos pobres da população urbana, encontra-se intimamente vinculada às diversas representações da cidade formuladas pela intelectualidade européia ao longo do século XIX. Conforme observou Maria S. Bresciani,

> "A cidade iria configurar a imagem reduzida do problemático macrocosmo social; presença assustadora e ao mesmo tempo fascinante por sua variedade e por tornar acessível um recorte em algo inabarcável. O medo e o fascínio orientam uma atitude exploratória que fará da cidade um observatório extenso, mas com limites delineados. A atividade exploratória se concentra, com certeza, no levantamento do modo de vida dos homens pobres trabalhadores ou vagabundos, considerados equivalentes aos povos selvagens, e seus bairros definidos como terra incógnita".[15]

As condições de sobrevivência para os segmentos sociais pobres tornavam-se cada vez mais precárias. A situação da parcela

---

seus movimentos de capoeira. (...) Era oficial de torneiro, oficial perito e vadio: ganhava uma semana para gastar num dia..." (Azevedo, *op. cit.*, p. 49).
13. A. H. de L. Barreto, *Clara dos Anjos*, 10.ª ed., São Paulo, Brasiliense, 1983.
14. João do Rio, *A Alma Encantadora das Ruas*, Rio, Simões, 1951. Seguem-se alguns exemplos das mais freqüentes dessas "profissões da miséria", segundo João do Rio: os "trapeiros"; os "papeleiros"; os "cavaqueiros"; os "chumbeiros"; os "caçadores de gatos"; os "coletores de botas e sapatos"; os "apanha-rótulos e selistas"; os "ratoeiros"; as "ledoras de mão"; os "tatuadores"; os "vendedores ambulantes" de orações e de literatura de cordel; e os compositores de "modinhas".
15. M. S. M. Bresciani, "Metrópoles: As Faces do Monstro Urbano (As Cidades no Século XIX)", in *Revista Brasileira de História*, São Paulo, ANPUH/Marco Zero, vol. 5. n.os 8/9, set. 1984/abr. 1985, p. 60.

feminina destes segmentos era ainda mais grave, se levarmos em conta a existência de preconceitos que restringiam muito as ocupações que podiam ser desempenhadas por mulheres. Assim, não restavam à mulher livre e pobre, ou mesmo à escrava de ganho, muitas alternativas, além do serviço doméstico, do pequeno comércio — quitandeiras, vendedoras de quitutes etc. —, do artesanato — costureiras, por exemplo — e outras atividades como lavadeiras, cartomantes, feiticeiras, coristas, dançarinas, cantoras, atrizes e prostitutas[16] — quase todas, ocupações profundamente depreciadas na sociedade da época.

Mesmo considerando-se a absorção significativa da mão-de-obra feminina pelo setor fabril que se desenvolvia no Rio de Janeiro a partir da década de 1880,[17] a oferta continuava sendo muito maior — ampliada, como vimos, pela presença do liberto e do imigrante europeu — que a demanda, e os salários eram baixíssimos — inferiores, inclusive, à remuneração do operariado masculino. A prostituição permanecia, assim, como uma alternativa importante de sobrevivência para a mulher, oferecendo em alguns casos a possibilidade de ganhos mais expressivos. Dos 140 processos criminais relativos à primeira década do século XX analisados por Sidney Chalhoub, três referem-se à agressão de homens contra prostitutas e dois a homens brigando por causa de prostitutas. Segundo o autor, estes números são expressivos,

"... sugerindo a importância da prostituição como meio de vida para mulheres humildes que desejavam ter uma vida independente numa cidade repleta de homens jovens e solteiros. Estes casos indicam ainda que estas mulheres não

---

16. Observe-se que para um total de 80.717 arrolados em 1870 na categoria de "sem profissão conhecida", 45.719 eram mulheres — 40.187 livres e 5.532 escravas —, ou seja, 56,64% (cf. E. M. L. Lobo, *op. cit.*, pp. 501 e ss.).

17. De um total de 115.779 operários registrados na cidade do Rio de Janeiro pelo Censo de 1906, 15.913 eram mulheres brasileiras e 6.303 mulheres estrangeiras (cf., ibid., pp. 510 e ss.). A mão-de-obra feminina representava, portanto, 19,18% do operariado carioca.

eram desprezadas pelos seus iguais, pois inspiravam algumas vezes reações extremadas e até passionais".[18]

Escravas, libertas, livres — brasileiras e imigrantes — as prostitutas compunham um conjunto, cujo perfil econômico-social e cultural era bastante diversificado, compreendendo desde o chamado baixo meretrício até a chamada prostituição de luxo.

Contudo, se as condições de sobrevivência apresentam-se, sem dúvida, como um aspecto-chave para compreendermos a prática da prostituição na cidade do Rio de Janeiro no século passado, parece-nos que outros elementos determinantes, não menos importantes, devem ser levados em consideração. Entre estes, podemos destacar, por exemplo, os padrões, as normas de comportamento e os valores morais então vigentes — tais como a valorização da virgindade da mulher, a monogamia, o patriarcalismo — que conferiam ao homem uma liberdade sexual justificada e aceita socialmente.

Outro aspecto a ser considerado refere-se ao fato de que o *prostituir-se* pode representar uma escolha, na medida em que, em termos econômicos, sexuais e emocionais, o exercício da prostituição poderia viabilizar para a mulher a vivência de uma condição mais autônoma e independente.[19] Lembre-se, ainda, que, conforme os registros da literatura e das crônicas do período, a prostituta seria a grande interlocutora dos freqüentadores dos bordéis de luxo da cidade nas discussões sobre política, artes,

---

18. S. Chalhoub, *op. cit.*, p. 243, n.º 48. Durante o século XIX e princípios do XX, a composição da população do Rio de Janeiro esteve marcada pela presença superior de homens em relação ao número de mulheres (cf. para os anos de 1849 e 1872, dados fornecidos por L. C. Soares, "Da necessidade do bordel higienizado", in R. Vainfas (org.), *História e Sexualidade no Brasil*, Rio, Graal, 1986, pp. 144-146; e, para os anos de 1890 e 1906, os fornecidos por S. Chalhoub, *op. cit.*, p. 26). Este desequilíbrio na composição sexual da população urbana tem sido apontado como um aspecto favorável à disseminação da prática da prostituição como uma das alternativas de sobrevivência para as mulheres pobres. Convém, entretanto, não exagerarmos a importância deste aspecto, o que poderia nos conduzir a uma visão simplista e distorcida da questão.
19. Tal questão vem sendo colocada e defendida por Gabriela Silva Leite (cf., por exemplo, entrevista concedida à *Tribuna da Imprensa*, Rio, 20/07/1987).

economia etc., assuntos que costumavam ser monopolizados pelo mundo masculino. A prostituição deve ser vista, portanto, como um espaço efetivo de resistência ao ideal da mulher frágil e submissa.[20] Entretanto, por outro lado, a prostituição revela-se também como produto dos valores morais que presidem a sociedade brasileira do século passado, o que a situa ao mesmo tempo e contraditoriamente como um espaço de reação e de manutenção destes mesmos valores. Um espaço econômica, sexual e emocionalmente marcado também pela presença de uma rede de exploração e de dominação que se expressa, por exemplo, nas relações entre a prostituta e as figuras do gigolô, da cafetina e, muitas vezes, do próprio cliente.

A prostituição na sociedade brasileira do século XIX apresenta-se, portanto, como uma realidade complexa, múltipla e contraditória, cuja compreensão é particularmente dificultada pelo peso dos preconceitos morais. De qualquer forma, é preciso não perder de vista que os significados dos comportamentos que nos habituamos a identificar como prostituição possuem uma especificidade que só pode ser resgatada e compreendida se levarmos em conta a sua inserção num dado imaginário social. Aparecendo em sociedades diversas no espaço e no tempo, tais práticas estão evidentemente ligadas a atitudes e necessidades sexuais e psicológicas da sociedade no conjunto, que são variáveis historicamente.

Feitas tais considerações, passemos ao exame das características gerais que marcaram a atuação das autoridades públicas sobre a prostituição no Brasil desde o período colonial.

Como observou Laura de Mello e Souza, a categoria dos desclassificados sociais — dentro da qual estão inseridas as prostitutas — surge e se amplia na sociedade colonial como produto da política metropolitana orientada no sentido de povoar o

---

20. Sobre o sentido de resistência das posturas que infringiam os padrões morais vigentes assumidas pelas mulheres pobres do Rio de Janeiro de fins do século XIX e princípios do XX, vejam-se os seguintes trabalhos: R. Soihet, *Vivências e Formas de Violência: mulher de classe subalterna no Rio de Janeiro, 1890 a 1920*, São Paulo, USP, 1986 (Tese de Doutorado, mimeo.); M. A. Esteves, *Meninas perdidas: Os Populares e o Cotidiano do Amor no Rio de Janeiro da Belle Époque*, Niterói, UFF, 1987 (Dissertação de Mestrado, mimeo.); e S. Chalhoub, *op. cit.*

Novo Mundo através da utilização de segmentos sociais que ameaçavam a estabilidade da sociedade metropolitana. Além disso, o caráter agroexportador e a presença do escravismo na economia colonial, determinando a instabilidade sócio-econômica dos segmentos sociais livres e não-proprietários, revelam-se como aspectos fundamentais para a manutenção e reprodução dos desclassificados, enquanto um dado intrínseco à própria dinâmica da sociedade colonial.

> "Ao contrário dos senhores e dos escravos, essa camada não possui *estrutura social configurada*, caracterizando-se pela fluidez, pela instabilidade, pelo trabalho esporádico, incerto e aleatório."[21]

O aviltamento da idéia de *trabalho*, relacionado ao caráter escravista da sociedade colonial, bem como o traço agroexportador da economia, conferem especificidade e abrangência ao significado das expressões *vadio* e *vadiagem*, que serviam para designar todo o universo de atividades que se situavam fora da estrutura básica da produção colonial. Assim, o controle dos desclassificados caracterizar-se-ia, segundo a referida autora, pela ambigüidade da ação dos poderes estabelecidos que, ora os concebendo como *ônus*, ora os concebendo como *utilidade*, oscilava entre a repressão, através de mecanismos explicitamente violentos, e a sua utilização em serviços complementares, mas, contudo, essenciais.

Durante o período colonial, parece ter sido este o procedimento mais comum que marcava a atuação dos poderes públicos sobre a prostituição. Em 1771, por exemplo, Dom Luiz Antônio de Souza recomendava ao Capitão-Mor José de Almeida Leme a prisão e o desterro das "mulheres fadistas" existentes em Sorocaba.

> "Consta-me que nessa vila e seu distrito há quantidade de mulheres fadistas, que com escandaloso procedimento andam *perturbando o sossego público* e porque *será útil à terra e serviço de Deus* mandá-las para Iguatemi, onde podem *casar e viver como Deus manda...*, ordeno Vmcê.

21. L. de M. e Souza, *op. cit.*, p. 63.

que... faça prender *todas*..., sejam de qualidade que for, contanto que *não sejam velhas ou doentes* e incapazes de poder casar e aumentar a terra onde quero que sejam remetidas".[22]

A intenção da punição é clara: de *perturbadoras da ordem*, estas mulheres seriam transformadas em elementos *úteis*, contribuindo para o povoamento de regiões desertas.[23] Note-se, ainda, que a prostituta poderia ser submetida a outros tipos de penalidade. O Recolhimento do Parto, fundado em 1759 no Rio de Janeiro pelo bispo D. Antônio do Desterro, destinava-se não só às "mulheres de vida desonesta que estivessem arrependidas" mas também àquelas acusadas de cometer adultério.[24] O *pecado* unia, pois, *prostitutas* e *adúlteras* no cumprimento de uma mesma *pena*: o isolamento da sociedade.

A ruptura dos laços políticos com a metrópole desencadeou, a partir de princípios do século XIX, o processo de construção do Estado independente que se caracterizaria pelo compromisso de preservação da ordem escravista. Com base numa análise minuciosa da Constituição de 1824 e do Código Criminal de 1830, os autores de *A Polícia e a Força Policial no Rio de Janeiro* concluem que:

"Desde então, e de maneira intimamente referida à atuação policial, aqueles que buscam organizar a ordem imperial passaram a distinguir três mundos: o Mundo do Governo, o Mundo do Trabalho e o Mundo da Desordem".[25]

Definido pelos critérios que o distinguiam tanto do "Mundo do Governo" — formado pelos proprietários que constituíam o

---

22. Citado por G. Fonseca, *História da Prostituição em São Paulo*, São Paulo, Resenha Universitária, 1982, p. 52, grifos nossos.
23. Segundo L. de M. e Souza, os bandos contra a prostituição foram bastante freqüentes na região das Minas (cf. *op. cit.*, pp. 180 e ss.). Sobre a prostituição no período colonial, veja-se, ainda, o artigo de S. Milliet, "A Prostituição na Colônia", in *Investigações*, São Paulo, Secretaria de Segurança Pública, jan. 1950, n.º 13.
24. Cf. V. Coaracy, *Memórias da Cidade do Rio de Janeiro*, 2.ª ed., Rio, J. Olympio, 1965, vol. III, pp. 195 e ss.
25. B. C. Brandão e outros *A Polícia e a Força Policial no Rio de Janeiro*, Rio, PUC, 1981, p. 55.

conjunto dos *cidadãos ativos* —, como do "Mundo do Trabalho" — composto pelos escravos, considerados *não-cidadãos* —, o "Mundo da Desordem" era fluidamente delimitado pela noção do *não-trabalho*. Numa sociedade ainda predominantemente marcada por uma concepção pejorativa do *trabalho*, associado à escravidão, o *não-trabalho* é, contraditoriamente, utilizado como elemento de desqualificação. Assim, o "Mundo da Desordem", identificado, ao lado do "Mundo do Trabalho", como espaço das tensões sociais, compreende o conjunto dos indivíduos classificados na categoria de *cidadãos não-ativos*, criada pelos critérios censitários que definiam, na Constituição de 1824, o direito de votar e de ser votado. O processo de constituição da nação no plano ideológico foi marcado, pois, pela compartimentação entre os três "mundos".

"Se à Polícia impunha-se as tarefas de ordenar o Mundo do Governo e de organizar o Mundo do Trabalho, a constatação do Mundo da Desordem lhe impunha a necessidade de conhecê-lo, de modo a melhor circunscrever aquele conjunto formado pelos homens livres e pobres, quase sempre classificados como 'vadios'."[26]

Associada à *vadiagem, mendicância* e *alcoolismo*, a prostituição é situada, nos textos legais que vigoraram durante o período imperial, no âmbito da desordem *moral* e *social*. O Código Criminal de 1830 não traz referências explícitas à prostituição, embora já possamos constatar aí a diferenciação, em termos legais, entre *mulher honesta* e *prostituta*.[27] A repressão à prostituta é assegurada na medida em que são arrolados como "crimes policiais", entre outros, as "ofensas à moral e aos bons costumes".[28] Já no Código de Processo Criminal de 1832 incluía-se, dentre as atribuições dos juízes de paz, a de

26. Ibid., p. 125.
27. Cf. lei de 16 de dezembro de 1830, in *Coleção das Leis do Império do Brasil de 1830.* Pelo Art. 268 do Código Criminal, a pena para o estupro de "mulher virgem ou não, mas honesta" era de 1 a 6 anos de prisão, mas se a vítima fosse "mulher pública", a pena se reduzia para 6 meses a 2 anos de prisão; o que, aliás, seria mantido no Código Penal de 1890 (Art. 268).
28. Cf. Arts. 276 a 307 da lei de 16 de dezembro de 1830.

"Obrigar a assinar termo de bem-viver aos *vadios, mendigos, bêbados* por hábito, *prostitutas,* que *perturbam o sossego público,* aos turbulentos, que por palavras ou ações *ofendem os bons costumes, a tranqüilidade pública e a paz das famílias".*[29]

Tais atribuições são confirmadas pela reforma do referido Código, na medida em que aos juízes de paz competia, entre outras funções,

"... corrigir os *bêbados,* por vício, turbulentos, e *meretrizes escandalosas,* que *perturbam o sossego público,* obrigando-as a assinar termo de bem-viver... e *vigiando o seu procedimento ulterior".*[30]

A novidade consistia, portanto, na preocupação com a eficácia ou não da punição, expressa na recomendação de vigilância sobre as pessoas obrigadas a assinar o "termo de bem-viver". O Código Penal de 1890 traria, contudo, uma novidade mais significativa: o lenocínio, que até então não havia sido objeto da legislação, passa a ser considerado crime, incidindo sobre os acusados penalizações pesadas, entre as quais a prisão e a multa.[31] Mas a repressão à prostituição em si permanece sem critérios definidos. As prostitutas tanto poderiam ser enquadradas no Art. 282, segundo o qual era considerado "ultraje público ao pudor"

"Ofender os bons costumes com exibições impudicas, atos ou gestos obscenos, atentatórios do pudor, praticados em lugar público e que... ultrajam e escandalizam a sociedade",

cuja pena era de 1 a 6 meses de prisão; como no Art. 399 — incluído no Capítulo III, "Dos vadios e capoeiras" — que previa

---

29. Art. 12, § 2.°, da lei de 29 de novembro de 1832, in *Coleção das Leis do Império do Brasil de 1832,* grifos nossos.
30. Art. 65, § 4.°, do Regulamento n.° 120, de 31 de janeiro de 1842, in *Coleção das Leis do Império do Brasil de 1842,* grifos nossos.
31. Cf. Arts. 277 e 278 do decreto n.° 847, de 11 de outubro de 1890, in *Coleção das Leis e Decretos da República dos Estados Unidos do Brasil,* 1890.

a prisão de 15 a 30 dias aos que provessem "... a subsistência por meio de *ocupação* proibida por lei, ou *manifestamente ofensiva da moral e dos bons costumes*" (grifos nossos). Desde 1830, quando foi criada a Câmara Municipal da cidade do Rio de Janeiro, as Posturas Municipais[32] seguiam, com relação à prostituição, a mesma linha de orientação que observamos na legislação produzida pelo governo central, ou seja, a prática da prostituição não seria objeto de repressão, a não ser nos casos em que *ameaçasse* a *tranqüilidade e a moral públicas*, podendo, assim, ser identificada à *desordem*. Diante disso, a ação que norteou o controle e repressão da prostituição assumiria um caráter profundamente arbitrário, variando conforme as interpretações pessoais e as diretrizes adotadas pelas autoridades judiciais e policiais no enfrentamento da questão.

A partir dos anos 1850, com o processo de desagregação do escravismo, esboçava-se a construção e a difusão de uma nova ética do trabalho, que passava a ser conceituado como algo essencial ao homem para o seu enriquecimento e dignidade, ou seja, o que lhe conferiria o *status* de cidadão, em oposição ao *não-trabalho*. Conforme assinalou S. Chalhoub,

> "Era necessário que o conceito de trabalho ganhasse uma valoração positiva, articulando-se então com conceitos vizinhos como o de 'ordem' e 'progresso' para impulsionar o país no sentido do 'novo', da 'civilização', isto é, no sentido da constituição de uma ordem social burguesa".[33]

Estas transformações, que traziam em seu bojo a construção de uma nova idéia de nação, se desencadeavam lenta e contradito-

---

32. De acordo com a lei de 1.º de outubro de 1828 (Arts. 66 a 71), caberia às câmaras municipais prover as posturas que deveriam assegurar "o asseio, comodidade, segurança, elegância e regularidade externa dos edifícios e ruas das povoações" — polícia administrativa —, "favorecer a agricultura, o comércio e indústria dos distritos..." — polícia econômica — e garantir a "tranqüilidade e segurança dos habitantes" — polícia judiciária (cf. J. L. W. da Silva, "A Polícia no Município da Corte: 1831-1866", in G. Neder e outros, *A Polícia na Corte e no Distrito Federal 1831-1930*, Rio, PUC, 1981, pp. 186-187, nota 48).
33. S. Chalhoub, *op. cit.*, p. 29; veja-se também B. C. Brandão e outros, *op. cit.*, p. 251.

A CIDADE, AS PROSTITUTAS E OS MÉDICOS 33

riamente, ao longo da segunda metade do século XIX, num processo marcado por mudanças, mas também por continuidades. Até a década de 1880, a persistência de relações escravistas revelou-se um obstáculo concreto na diferenciação entre o *trabalho* e o *não-trabalho*, concebidos de acordo com padrões burgueses. Além disso, a delimitação de fronteiras mais precisas entre o *trabalho* e o *não-trabalho* constituía-se numa tarefa difícil, na medida em que, muitas vezes, a situação de miséria apresentava-se como um traço comum a ambos. O desenvolvimento do Rio de Janeiro, marcado não só pelo crescimento populacional, mas também pela complexificação da estrutura social e econômica da cidade, processou-se de modo a tornar menos nítidas estas fronteiras: o *trabalho* e o *não-trabalho* tendiam a compartilhar o mesmo espaço físico da cidade.

A *miséria* confunde-se com a *sujeira* e o *caos* nas descrições coevas das ruas da Misericórdia, Dom Miguel, do Largo do Moura, bem como dos becos e vielas adjacentes — Cotovelo, Fidalga, Ferreiros, Música, Moura e Batalha —, caracterizadas aí como um espaço onde os trabalhadores misturavam-se aos vadios e criminosos. O mesmo perfil é traçado para outras regiões da cidade como, por exemplo, a que compreendia as ruas da Saúde, da Harmonia, do Propósito, do Conselheiro Zacarias, da Gamboa, do Santo Cristo, do Acre, São Jorge, Conceição, Costa, Senador Pompeu, América, Vidal Negreiros e a Praia do Saco. Em 1909, João do Rio define este conjunto de ruas, vielas, becos e pequenos cais como o "bairro onde o assassinato é natural". As hospedarias e os cortiços que surgiam por toda a cidade se constituíam em espaços de convívio entre aquilo que se concebia como trabalho e não-trabalho. As hospedarias ou "asilos da miséria" ofereciam abrigo aos mais variados "tipos sociais", desde operários até mendigos.[34] Na obra de A. Azevedo percebemos que a população do cortiço era bastante heterogênea: operários, mascates, soldados, lavadeiras, capoeiras etc. Num mesmo espaço coabitavam o *bem* e o *mal*, o *trabalho* e o *não-*

---

34. Cf. João do Rio, *Histórias da Gente Alegre*, Rio, J. Olympio, 1981, pp. 39 e 23, respectivamente.

trabalho, indivíduos como Jerônimo e indivíduos como Firmo que, aliás, através do contato *contaminavam* os Jerônimos....[35]

Aos olhos dos cronistas da cidade, o crescimento desordenado do Rio de Janeiro aparecia, ainda, sob outros aspectos. As atividades político-administrativas, comerciais, financeiras, manufatureiras, fabris se espalhavam pelas áreas centrais, onde também proliferavam as moradias dos mais variados segmentos sociais de baixa renda. Tomemos como exemplo o caso da freguesia de Santana, onde se achavam fixados importantes estabelecimentos comerciais e manufatureiros, bem como uma série de órgãos públicos — Ministério da Guerra, Inspetoria de Obras Públicas, Casa da Moeda etc. Em 1868 aí se concentrava grande parte dos cortiços existentes na cidade — 154 para um total estimado em 842 — e, em 1870, um número expressivo dos indivíduos recenseados na categoria "sem profissão conhecida" — 12.536 livres e 1.791 escravos para um total de 80.717.[36] Um perfil muito semelhante a este caracterizava as freguesias de Sacramento, Santa Rita, São José, Santo Antônio e Candelária. Sobre esta última observa V. Coaracy, num visível tom de lamentação:

> "A imediata proximidade do Palácio Imperial, da Câmara dos Deputados e da Catedral davam *importância* e *prestígio* a esta região da cidade e lhe imprimiam mesmo certos aspectos *aristocráticos, prejudicados* aliás pela *vizinhança,* ... do mercado do peixe, dos *vadios* do Arco do Teles, dos becos e vielas que retalhavam as fraldas do Castelo e da turba de marítimos e carregadores com que se misturavam os *basbaques* e *vagabundos* do cais. Caldeirão em que se *fundiam* e se *acotovelavam todas as classes* da população em *mescla democrática...*".[37]

Entusiasta das reformas promovidas por Pereira Passos no Rio de Janeiro, entre 1902 e 1906, o autor procura defendê-las, *denunciando* o *perigo* que representava a "mescla democrática"

---

35. Cf. Azevedo, *op. cit.* Ressalte-se que aqui nos referimos à imagem de Jerônimo como *trabalhador ideal*, antes, portanto, do *abrasileiramento*.
36. Cf. E. M. L. Lobo, *op. cit.*
37. V. Coaracy, *op. cit.*, p. 53, grifos nossos.

ou o *caos*, no qual a cidade havia submergido no período anterior. A *incômoda mistura* pode ser ainda observada na freguesia da Glória que, essencialmente residencial e aristocrática, caracterizava-se pela presença de ricas moradias — como, por exemplo, o Palácio dos Barões de Nova Friburgo, no Catete —, concentrava, em 1868, um grande número de cortiços — 107 —, vindo logo em seguida à de Santana. Aí também foram arrolados, em 1870, na categoria dos "sem profissão conhecida", um número expressivo de pessoas — 6.631 livres e 361 escravos.[38]

O cotidiano da vida urbana, cujo cenário mais rico era constituído pelo espaço das ruas, expressava cada vez mais profundamente a diversidade social. As festas e cerimônias públicas, de caráter religioso ou não, apresentavam-se, neste sentido, como momentos privilegiados. José de Alencar traça um perfil da festa da Glória no Rio de Janeiro, marcado pela ênfase nos aspectos que a caracterizavam como um espaço de convívio entre o *popular* e o *aristocrático*.

> "Todas as raças, desde o caucasiano sem mescla até o africano puro; todas as posições, desde as ilustrações da política, da fortuna ou do talento, até o proletário humilde e desconhecido; todas as profissões, desde o banqueiro até o mendigo; finalmente, todos os tipos grotescos da sociedade brasileira, desde a arrogante nulidade até a vil lisonja, desfilaram em face de mim, roçando a seda e a casimira pela baeta ou pelo algodão, misturando os perfumes delicados às impuras exalações, o fumo aromático do havana às acres baforadas do cigarro de palha".[39]

Marcada pelas ambigüidades, onde contrastavam brancos e negros, elites e proletariado, seda e algodão, delicadeza e impureza, havana e cigarro de palha, a festa da Glória seria o cenário escolhido por Alencar para o primeiro encontro entre Paulo e Lúcia/Lucíola.

Durante a segunda metade do século passado, a prostituição estava localizada nas mais diversas regiões da cidade do Rio de Janeiro. As ruas da Misericórdia, Dom Miguel, os Largos do

---

38. E. M. L. Lobo, op. cit., p. 241.
39. José de Alencar, *Lucíola*, 8.ª ed., São Paulo, Ática, 1983, pp. 12-13.

Moura e do Rocio, as ruas Espírito Santo, do Lavradio, do Riachuelo, de São Jorge, do Regente, do Núncio, da Conceição e respectivas adjacências, por exemplo, eram apontadas como zonas do baixo meretrício. As chamadas *pensions d'artistes* — hotéis e pensões destinados à *prostituição de luxo* — localizavam-se em regiões centrais como as ruas do Passeio, do Ouvidor e Gonçalves Dias, mas também nas áreas do Catete, de Botafogo e do Jardim Botânico. Os *music-halls* — como o "Moulin-Rouge", na Praça Tiradentes; o "Guarda-Velha", no sopé do Morro de Santo Antônio; o "Alcázar Parque" na Lapa; o "Cassino" e o "Parque Fluminense", no Largo do Machado —, as casas-de-chope, os cafés-concerto, eram lugares freqüentados por prostitutas, sendo que, segundo V. Coaracy, sua presença era incentivada nestes últimos pelos proprietários a fim de atrair uma clientela maior.[40] Nas confeitarias e teatros mais elegantes da cidade encontraríamos as chamadas prostitutas de luxo. A freqüência da "Colombo" dividia-se em dois horários que eram observados com rigor: entre 14 e 17 horas o público era constituído pelas "senhoras de família" e, a partir das 17 horas e 30 minutos, começavam a chegar as "prostitutas".[41] Contudo, nos grandes espetáculos de ópera realizados no Teatro Lírico, os *dois mundos* compartilhavam um espaço comum.

"As grandes cocotes são figurinos obrigados nas récitas de assinatura, onde se exibem, mostrando 'toilettes' maravilhosas que surpreendem pela novidade, encantam pelo bom gosto e impressionam pelo luxo.
As famílias que lhes copiam o feitio das blusas, a forma dos chapéus e o talhe dos 'manteaux', sabem-lhes de cor os nomes, e conhecem-lhes os amantes e, por vezes, até as suas menores intimidades!
(...)

40. Sobre a localização da prostituição na cidade do Rio de Janeiro, veja-se: A. H. de L. Barreto, *op. cit.*, p. 109; V. Coaracy, *op. cit.*, pp. 99-100 e 145; L. Edmundo, *op. cit,*, pp. 100 e 470 e ss.; Alencar, *Lucíola, op. cit.*, p. 72; João do Rio, *Histórias da gente... op. cit.*, p. 52.
41. Cf. L. Edmundo, *op. cit.*, pp. 604-605. Veja-se também V. Coaracy, *op. cit.*, p. 101. Segundo G. Fonseca, o mesmo hábito era observado na "Confeitaria Castelões", localizada no Largo do Rosário, em São Paulo (cf. *op. cit.*, p. 191).

Entre o pano que desce e o pano que sobe, por certos camarotes, detonam garrafas de 'Champagne'. (...) As senhoras honestas entreolham-se. O pater-famílias pigarreia".[42]

Em fins do século XIX tornaram-se comuns os passeios realizados pelas *prostitutas de luxo* em carros abertos, exibindo sua beleza e elegância pelas ruas da cidade. Neste sentido, lembramos a cena d'*O Cortiço*, na qual Pombinha desfilava ao lado de Henrique em uma vitória pelo Largo da Carioca.[43]

Parece-nos, pois, que não existiam limites muito precisos entre o espaço da *prostituição* — identificado com a *imoralidade* — e o espaço da *família* — identificado com a *moralidade* —, o que seria apreendido nos discursos coevos como mais um aspecto determinante da *desordem* que caracterizava a cidade. É importante ressaltar que tal confusão de espaços não se restringia à *prostituição de luxo*. Ao descrever as condições de vida da população do Morro de Santo Antônio, concebido como "uma outra cidade", da qual se tinha a "funambulesca idéia de um vasto galinheiro multiforme", João do Rio assinala aí o convívio entre "mulheres perdidas" e "famílias" que, diferenciadas por critérios morais, socialmente são apresentadas como partes de um mesmo todo, caracterizado pela miséria, pelo desemprego, pelas atividades incertas situadas no universo do *não-trabalho*.[44]

O lugar do discurso: a academia dos médicos

Ao transformarem os principais centros urbanos europeus — tais como Londres, Paris etc. — em laboratórios de observação, os políticos, os médicos, os reformadores sociais e as sociedades estatísticas construíram uma concepção de cidade permeada por imagens contraditórias. Segundo Maria S. Bresciani, todas estas imagens

---

42. L. Edmundo, *op. cit.*, vol. II, pp. 446-447. Veja-se também Alencar, *Lucíola, op. cit.*, pp. 26 e ss.
43. Cf. Azevedo, *op. cit.*, p. 158. Veja-se também G. Freyre, *Sobrados e Mucambos*, 6.ª ed., Rio, J. Olympio, 1981, pp. 297-298.
44. Cf. João do Rio, *Histórias da Gente...*, *op. cit.*, pp. 81-82.

"... confluem numa representação da cidade onde os princípios da mecânica universal, o lento processo imutável da natureza e as figuras orgânicas de corpos e de criaturas monstruosas, embora produzidas pelo homem, se confundem".[45]

De um lado, o contato com estas representações e, de outro, as mudanças no perfil da cidade do Rio de Janeiro, consolidando-a, ao longo do século passado, como centro político-administrativo e econômico-financeiro e, portanto, como centro de concentração de atividades e de pessoas, ensejaram a emergência e a difusão de concepções que definiam o Rio de Janeiro como um espaço desconhecido, marcado por contradições e *perigoso*. A presença dos escravos e dos setores livres desclassificados representava, de acordo com esta ótica, uma ameaça cotidiana: o "mundo do trabalho" e o "mundo da desordem" eram vistos como os principais responsáveis pela desordem física, moral e social da cidade. A situação *caótica* estaria expressa, por exemplo, nas constantes epidemias que grassavam pela cidade, nos hábitos e posturas assumidos pelos setores populares que representavam uma alternativa aos valores e padrões impostos pelos setores dominantes e nas tensões sociais que se revelavam cotidianamente. Este quadro iria se complicar a partir de meados do século, quando a questão da substituição do trabalho escravo pelo trabalho livre — isto é, dissociado dos meios de produção — passaria a assumir uma dimensão concreta. Tornava-se, portanto, essencial que novas formas de disciplinarização e submissão do trabalhador fossem formuladas e implementadas.[46]

Inseridos na categoria dos profissionais liberais estabelecidos na cidade do Rio de Janeiro — que tendia a se tornar, ao longo do século XIX, numericamente, cada vez mais expressiva[47] —,

---

45. M. S. M. Bresciani, *op. cit.*, p. 56.
46. Vejam-se, neste sentido, as considerações de S. Chalhoub, *op. cit.*, pp. 28-29.
47. Cf. E. M. L. Lobo, *op. cit.*, p. 502. De acordo com a proposta de classificação sócio-profissional formulada por M. Y. Linhares, com base nas listas eleitorais de 1876, os profissionais liberais constituem o segmento menos importante da classe dirigente, embora seja o que apresente os rendimentos mais elevados: em 1876, representavam 8,6% dos votantes e seus rendimentos, 18,6% da renda total (cf. "As Listas Eleitorais

A CIDADE, AS PROSTITUTAS E OS MÉDICOS 39

os médicos apresentavam-se como um dos segmentos da intelectualidade que se empenhavam na tarefa de ordenar aquilo que era visto como desordem, transformando a cidade num espaço *civilizado*. Contudo, como veremos, apesar de terem sido, provavelmente, os primeiros disseminadores de um projeto de normatização do espaço social urbano inspirado nos padrões burgueses de modernização e progresso, os médicos brasileiros não estariam livres, pelo menos até os anos de 1870, das contradições determinadas pela vivência objetiva numa realidade escravista. Através da Academia Imperial de Medicina e da Faculdade de Medicina do Rio de Janeiro revelaram, desde a década de 1830, uma atuação cada vez mais expressiva no sentido de transformar a cidade em objeto de investigação. Vejamos, pois, as principais características do saber médico produzido e veiculado por estas duas instituições.

Em 28 de maio de 1829, foram lançadas, pelos Drs. Joaquim Cândido Soares de Meirelles, Luiz Vicente de Simoni, Jean-Maurice Faivre, José Francisco Xavier Sigaud e José Martins da Cruz Jobim, as primeiras bases para a criação de uma associação médico-literária inspirada no modelo da Academia de Medicina de Paris.[48] Pretendia-se, pois, que a referida associação seguisse bem de perto a trajetória da Sociedade Real de Medicina, criada na França em 1778, cujas origens, segundo Foucault, estiveram fundamentalmente ligadas às exigências de "definição de um estatuto político da medicina", bem como de

> "constituição, ao nível de um estado de uma consciência médica, encarregada de uma tarefa constante de informação, controle, e coação; exigências que (segundo Le Brun) 'compreendem objetos tanto relativos à polícia quanto propriamente de competência da medicina'".[49]

---

do Rio de Janeiro no Século XIX. Projeto de Classificação Sócio-Profissional", in *Cahiére du Monde Hispanique et Luso-Brésilien*, Toulouse, Caravelle 22, 1974, p. 63).
48. Cf. A. Nascimento, *O Centenário da Academia Nacional de Medicina do Rio de Janeiro, 1829-1929*, Rio, Imprensa Nacional, 1929, pp. 45 e ss.; e, também, M. T. Luz, *Medicina e Ordem Política Brasileira: políticas e instituições de saúde (1850-1930)*, Rio, Graal, 1982, pp. 121 e ss.
49. M. Foucault, *O Nascimento da Clínica*, 2.ª ed., Rio, Forense-Universitária, 1980, p. 28.

Definida como espaço de produção de um saber científico nos estatutos fixados por decreto de 15 de janeiro de 1830, a Sociedade de Medicina do Rio de Janeiro deveria funcionar como uma espécie de consultoria do governo para os assuntos relacionados à higiene pública. Assim, a Sociedade elaboraria o código de posturas da cidade do Rio de Janeiro, promulgado pela Câmara Municipal em 1832. Conforme observaram S. Pechman e L. Fritsch,

> "... o Código se propunha a legislar sobre os aspectos mais diversos da vida da cidade, tentando disciplinar as variadas formas do comportamento individual que pudessem afetar o que se entendia como sendo o 'interesse público'".[50]

Em 1835, a Sociedade foi transformada na Academia Imperial de Medicina do Rio de Janeiro. De acordo com os novos estatutos, aprovados por decreto de 8 de maio do mesmo ano,

> "A Academia de Medicina é especialmente instituída para responder às perguntas do Governo sobre tudo quanto pode interessar à saúde pública, e principalmente sobre as epidemias, as moléstias particulares de certos países, as epizootias, os diferentes casos de Medicina legal, os quais... no Rio de Janeiro não poderão ser resolvidos senão por ela, ou pelos Professores da Faculdade de Medicina; a propagação da vacina, os remédios novos ou secretos, os quais não poderão ser expostos ao público sem o seu exame ou aprovação, ou da referida Faculdade..."

Ao lado da Faculdade de Medicina, a Academia caracterizava-se, oficialmente, como instância especializada na produção de um saber destinado a viabilizar a perspectiva política de higienização do espaço urbano.

Dividida em três seções — a de Medicina, a de Cirurgia e a de Farmácia —, a Academia seria composta por membros hono-

---

50. S. Pechman, e L. Fritsch, "A Reforma Urbana e o seu Avesso: Algumas Considerações a Propósito da Modernização do Distrito Federal na Virada do Século", in *Revista Brasileira de História*, São Paulo, ANPUH/Marco Zero, vol. 5, n.os 8/9, set. 1984/abr. 1985, p. 148.

rários, titulares, adjuntos e correspondentes. Os primeiros seriam "... escolhidos d'entre os sábios nacionais e estrangeiros, por eleição da Academia com aprovação do Governo..."[51] Os candidatos às demais classes ficavam obrigados a apresentarem uma memória ou dissertação original, sobre qualquer tema médico, que seria julgada pela Academia. A Academia promoveria, ainda, concursos anuais, nos quais os melhores trabalhos seriam premiados com medalhas de ouro e menções honrosas. Deste modo, procurava-se incentivar, na comunidade médica, a reflexão acerca de temas considerados fundamentais, previamente escolhidos e fixados pela instituição.

As questões propostas entre 1845 e 1890 revelam uma preocupação no sentido de promover a construção de um conhecimento médico aplicável às condições específicas da sociedade brasileira. São sugeridos, assim, estudos sobre, por exemplo, a necessidade de criação e adoção de uma medicina brasileira; os progressos e conquistas da cirurgia no Brasil; a elaboração de um tratado de terapêutica brasileira; a identificação e os métodos de tratamento de doenças típicas ou freqüentes no Brasil.[52] Durante o mesmo período, os temas relacionados às condições de higiene da cidade do Rio de Janeiro possuem um peso considerável. Propõe-se, com freqüência, a elaboração de trabalhos sobre as moléstias que assolavam a cidade — tais como tuberculose, beribéri, febre amarela, sífilis —; sobre a relação do clima e da constituição do solo com a propagação de doenças na região; e, até mesmo, sobre os perigos da iluminação a gás e os meios de evitá-los. As perspectivas eugênicas

51. Decreto de 08/05/1835. Seriam ainda considerados membros honorários os titulares que completassem 60 anos e estivessem em sua classe pelo menos por 12 anos; os que estivessem na classe de adjunto por 16 anos; os que estivessem na classe de correspondente por 20 anos; os professores das faculdades de medicina que tivessem 16 anos de magistério. Os membros adjuntos "...serão sempre escolhidos d'entre as pessoas residentes no Rio de Janeiro; e os correspondentes d'entre os que residirem fora dele".
52. Cf. *Anais de Medicina Brasiliense*, 1845-1849; *Anais Brasilienses de Medicina*, 1850-1885; *Anais da Academia Imperial de Medicina*, 1885-1889; e *Anais da Academia Nacional de Medicina*, 1889-1890. Ressalte-se que somente a partir de 1869 as questões passaram a ser regularmente propostas nas sessões aniversárias da Academia.

já começavam a ser difundidas no interior da comunidade médica do Rio de Janeiro, o que pode ser observado, por exemplo, através das questões propostas para os anos de 1866 e 1869, respectivamente: "Que influência podem ter os casamentos consangüíneos sobre o intelectual e moral da espécie humana?"; "O cruzamento das raças acarreta e produz a desagregação intelectual e moral do produto híbrido resultante?"[53]

As exigências para que o médico se tornasse membro da Academia, bem como os concursos por ela patrocinados, são aspectos indicativos de que a instituição deveria constituir um núcleo de produção e difusão do conhecimento médico. Neste sentido, caberia mencionar as publicações da Academia que, previstas nos estatutos de 1830, passaram a circular na comunidade médica do Rio de Janeiro desde 1831. Os *Anais de Medicina Brasiliense* começaram a ser editados a partir de 1845,[54] substituindo a *Revista Médica Brasileira*.[55] Constituíam, de início, uma publicação mensal, dividida em duas partes: a primeira contendo as atas e demais trabalhos acadêmicos; e, a segunda, "...artigos doutrinais de Medicina, cirurgia, farmácia, ciências naturais, e comunicados dirigidos à redação do jornal, concernentes a qualquer destas matérias".[56] A Academia não seria responsável pelas teses sustentadas nesta segunda parte,

53. Cf. *Anais Brasilienses de Medicina*, Rio, Tip. Peixoto, 1867, vol. XVIII, jun. 1866 a maio 1867, p. 124; e, *Anais Brasilienses de Medicina*, Rio, Tip. Peixoto, 1869, vol. XX, jun. 1868 a maio 1869, p. 45. Sobre a presença das concepções médicas desenvolvidas a partir de fins do século XIX na criação de uma "Antropologia Nacional", tal como esta se formou no Brasil, veja-se o artigo de Mariza Corrêa, "Antropologia e Medicina Legal: Variações em Torno de um Mito", in vários, *Caminhos Cruzados*, São Paulo, Brasiliense, 1982, pp. 53-63.
54. De 1845 a 1916, os Anais foram regularmente publicados, com variações no título: *Anais de Medicina Brasiliense*, de 1845 a 1849; *Anais Brasilienses de Medicina*, de 1849 a 1885; *Anais da Academia Imperial de Medicina*, de 1885 a 1889; *Anais da Academia Nacional de Medicina*, de 1889 a 1916.
55. De 1831 a 1833, a Academia publicou o *Semanário de Saúde Pública*; de 1835 a 1841, a *Revista Médica Fluminense*; e de 1841 a 1843, a *Revista Médica Brasileira*.
56. *Anais de Medicina Brasiliense*, Rio, 1845, vol. I, n.º 1, jun. 1845, p. 3. Entre 1885 e 1897, as atas das sessões foram publicadas no *Boletim* da Academia.

que deveriam vir assinadas pelos respectivos autores. Mesmo não conservando tal divisão de modo rígido e apresentando variações quanto à periodicidade das publicações, os *Anais* permaneceriam, ao longo da segunda metade do século XIX, como um expressivo meio de circulação do conhecimento médico. A preocupação em reproduzir artigos estrangeiros — notadamente franceses, ingleses, alemães e italianos — manifesta-se desde as primeiras publicações da Academia. A partir do volume XXIII dos *Anais Brasilienses de Medicina,* começou a ser publicada uma nova seção denominada "Revista estrangeira", cuja finalidade, segundo o Dr. José P. Rego Filho, seria a de divulgar o que fosse publicado ou ocorresse de importante nos países estrangeiros.[57]

Dos temas mais freqüentados nas publicações periódicas da Academia, entre 1845 e 1890, destacam-se as questões relacionadas às condições sanitárias da cidade do Rio de Janeiro, que incluem os mais variados objetos: as doenças incidentes na região, particularmente as que configuraram um quadro de epidemia — o cólera-morbus, a febre amarela, a varíola etc. —; as vacinas; o sistema de esgoto; a canalização dos rios; os pântanos; o clima e a constituição do solo; as águas potáveis; a contaminação do ar provocada pelas fábricas; a cremação de cadáveres; os cortiços, os dormitórios públicos e as habitações pobres de um modo geral. A incidência de temáticas pertencentes ao âmbito da medicina legal revela uma perspectiva favorável à organização de um serviço médico-legal no Rio de Janeiro. Os progressos da medicina e áreas afins, a avaliação crítica do ensino médico no Brasil e a preocupação em combater o *charlatanismo* também se destacam como assuntos característicos das publicações da Academia.

A mulher e a criança figuravam como as personagens centrais no tratamento das questões de ordem higiênica, o que pode ser observado na recorrência de temas como a gravidez, o aborto, o aleitamento, a mortalidade infantil, a educação da mulher e da criança. Usando argumentos de autoridade, respaldados na sua formação universitária e científica, o médico passava a opinar sobre tudo o que dissesse respeito à mulher:

---

57. *Anais Brasilienses de Medicina,* Rio, Tip. Santos Cardoso & Irmãos, 1872, vol. XXIII, jun. 1871 a maio 1872, pp. 271 e ss.

desde os aspectos relacionados a sua constituição física e mental até a conveniência do vestuário e dos hábitos da moda — como o uso de espartilhos, a freqüência a bailes etc. — para a sua saúde.[58] O médico penetrava o espaço familiar e, através do estabelecimento da confiança e de um contato mais íntimo com a mulher iria tentando modificar, aos poucos, o perfil das relações familiares. Como observou J. F. Costa.

> "A mãe higiênica nasceu... de um duplo movimento histórico: por um lado, emancipação feminina do poder patriarcal; por outro, 'colonização' da mulher pelo poder médico".[59]

Transformada em *mãe higiênica,* a mulher tornava-se aliada do médico na viabilização do projeto de higienização das relações familiares.

A Academia de Medicina revela-se, assim, uma instituição de caráter político, o que se reforça através do vínculo com o Estado imperial, consolidado nos estatutos de 1835. Além das mensalidades e eventuais multas que deveriam ser pagas pelos membros titulares, a Academia ficava autorizada a receber

---

58. A título de ilustração poderíamos citar a publicação do discurso pronunciado na Sociedade Imperial de Medicina de Bordéus pelo Dr. Charles Dubreuil, "Influência da Educação Física e Moral Sobre a Saúde da Mulher" (in *Anais Brasileiros de Medicina*, Rio, Laemmert, 1865, vol. XVI, n.os 7 e 9); e do discurso pronunciado na Academia Imperial de Medicina do Rio de Janeiro pelo Dr. Nicolao J. Moreira, "Duas Palavras Sobre a Educação Moral da Mulher" (in *Anais Brasilienses de Medicina*, Rio, Tip. de C. e Campos, 1868, vol. XX, n.º 3). Acrescente-se, ainda, o artigo do Dr. Corrêa de Azevedo, "A Mulher Perante o Médico" (in *Anais Brasilienses de Medicina*, Rio, Laemmert, 1873, vol. XXIV, jun. 1872 a maio 1873). Sobre o privilégio dado à questão do aleitamento na construção da imagem ideal da mulher e a transformação da criança em objeto do olhar disciplinar no discurso médico-higienista, veja-se a análise de M. Rago, *Do Cabaré ao Lar*, Rio, Paz e Terra, 1985, pp. 74-84 e 117-120.

59. J. F. Costa, *Ordem Médica e Norma Familiar*, Rio, Graal, 1979. Sobre a conquista paulatina do espaço familiar pelo médico, vejam-se as considerações de G. Freyre, *op. cit.*, p. 121. Sobre a transformação da mulher em cúmplice do médico, veja-se, ainda, Maria C. Pereira Cunha, *O Espelho do Mundo*, Rio, Paz e Terra, 1986, pp. 34-35.

legados e doações. Contudo, a maior parte dos recursos indispensáveis para a manutenção da instituição — destinados, por exemplo, à publicação de um periódico, ao pagamento de prêmios e outras despesas — seria fornecida pelo governo. A Academia ficava ainda obrigada a submeter seus regulamentos à aprovação do governo imperial e, a partir de 1835, os membros titulares passaram a ser nomeados por portaria ministerial.

Em 1885, foram aprovados novos estatutos para a Academia Imperial de Medicina. Mais uma vez, os objetivos da instituição são fixados no sentido de:

> "...concorrer para o progresso da medicina, da cirurgia, da farmácia e da higiene pública.
> Incumbe-lhe estudar e discutir todos os assuntos concernentes a esse fim e responder às consultas do Governo sobre tudo quanto possa interessar à saúde pública ou ao descobrimento da verdade em casos de medicina legal".[60]

As diretrizes fundamentais da instituição, bem como sua estrutura de organização, não sofreram modificações essenciais.

Vejamos agora as principais características de um outro importante centro de produção do saber médico, estabelecido no Rio de Janeiro. Desde 1809 funcionava no Hospital Militar do Morro do Castelo a Escola Anatômica, Cirúrgica e Médica do Rio de Janeiro, que em 1813 seria transferida para a Santa Casa da Misericórdia com a denominação de Academia Médico-Cirúrgica do Rio de Janeiro. O projeto de reforma do ensino médico, elaborado por uma comissão da Sociedade de Medicina, a pedido do governo regencial, foi aprovado por lei de 3 de outubro de 1832, transformando a Academia Médico-Cirúrgica na Faculdade de Medicina do Rio de Janeiro.[61] Com a reforma, inspirada nos moldes franceses, o ensino médico passou a compreender três cursos: o de Medicina, o de Farmácia e o de Partos. O título de doutor seria concedido aos sextanistas do curso de Medicina depois de defenderem "...em público uma tese... escrita no

---

60. Decreto n.º 9.386, de 28/02/1885, in *Coleção das Leis do Império do Brasil de 1885*, Rio, Tip. Nacional, 1886.
61. Pela mesma lei, a Academia Médico-Cirúrgica da Bahia, criada em 1815, foi transformada na Faculdade de Medicina da Bahia.

idioma nacional, ou em latim, impressa à custa dos candidatos..." Até 1890, os estatutos das faculdades de medicina seriam reformulados duas vezes, sem que, contudo, fossem introduzidas modificações essenciais no ensino médico.[62] A produção intelectual dos médicos brasileiros estaria profundamente marcada pela orientação teórica em detrimento da pesquisa. Esta teria se desenvolvido timidamente a partir de meados do século XIX, através da Escola Tropicalista Bahiana.[63] A experimentação científica só começaria a se impor efetivamente a partir de fins do referido século, com a fundação de instituições de pesquisa, dentre as quais destacamos o Instituto Pasteur, fundado em 1888 no Rio de Janeiro.

Os objetos estudados nas teses médicas produzidas entre 1845 e 1890 na Faculdade de Medicina do Rio de Janeiro inserem-se no mesmo universo temático que caracteriza a produção da Academia de Medicina. Entre as temáticas mais freqüentes destacam-se as questões gerais relacionadas às condições de salubridade da cidade do Rio de Janeiro, bem como aquelas ligadas aos aspectos higiênicos do casamento, das relações sexuais, da mulher e da criança.

Quanto ao conteúdo da produção elaborada ou difundida pela Academia de Medicina e pela Faculdade de Medicina do Rio de Janeiro, observamos que as abordagens que situavam o Rio de Janeiro como uma *cidade doente* possuem um peso bastante relevante. A incidência destas temáticas se deve, sem dúvida, às transformações vivenciadas pela cidade do Rio de Janeiro na época, às quais nos referimos no início deste capítulo e que figuravam nos discursos coevos como desordem. À medida que

---

62. Cf. decreto n.º 1.387, de 28/04/1854, in *Coleção das Leis do Império do Brasil de 1854*, Rio, Tip. Nacional, 1854. E, também, decreto n.º 9.311, de 25/10/1884, in *Coleção das Leis do Império do Brasil de 1884*, Rio, Tip. Nacional, 1885.
63. Cf. L. Santos Filho, "Medicina no Período Imperial", in S. B. de Holanda (org.), *HGCB*, 3.ª ed., São Paulo, Difel, 1976, t. II, vol. III, cap. VIII, pp. 487 e ss. Veja-se também do mesmo autor, *Pequena História da Medicina Brasileira*, São Paulo, Parma, 1980, pp. 101 e ss. Sobre a trajetória inteiramente distinta da Escola Tropicalista Bahiana em relação às orientações predominantes na Academia Imperial de Medicina e nas faculdades de medicina, veja-se o trabalho de M. T. Luz, *op. cit.*, pp. 129 e ss.

a cidade crescia e sua estrutura social e econômica se tornava mais complexa, as condições de higiene pública eram cada vez mais precárias. Fundamentados na antiga teoria dos miasmas, os médicos pintavam um quadro dramático, onde a doença e a morte faziam parte do cotidiano urbano. Ruas estreitas e tortuosas, a presença de morros e elevações dificultavam a renovação do ar, tornando-o pesado e insalubre. A inexistência ou precariedade de um sistema de esgotos fazia indispensável a atividade dos *tigres*,[64] transformando as praias em depósitos de detritos. O lixo acumulado nas ruas, as condições precárias de abastecimento de água,[65] os mangues e pântanos, as aglomerações de pessoas em habitações que não ofereciam as menores condições de salubridade — os cortiços, os casebres dos morros de Santo Antônio e do Castelo, os casarões coloniais etc. — eram aspectos considerados essenciais na configuração de um ambiente propício ao surgimento e reprodução da doença. As epidemias grassavam pela cidade — febre amarela, cólera, varíola etc.

Analisando o significado do triunfo das mitologias pré-pasteurianas na Europa, entre 1750 e 1880, A. Corbin conclui:

"O excremento, a lama, a vasa, o cadáver suscitam o desespero. A ansiedade que escorre do cimo da pirâmide social reanima a intolerância para com o fedor. É ao olfato que cabe a destruição da confusão do pútrido e a detenção do miasma, a fim de exorcizar a ameaça nauseabunda".[66]

Tendo, portanto, o olfato como instrumento básico na construção de um saber sobre a cidade, a teoria dos miasmas viabilizaria a construção de estratégias disciplinares do cotidiano urbano caracterizadas, sobretudo, pela localização e circunscrição das

---

64. Os escravos encarregados de remover as matérias fecais ficaram conhecidos como *tigres*. Segundo V. Coaracy, somente a partir de 1862 começou a ser implantada uma rede de esgotos na cidade, através da The Rio de Janeiro City Improvements Limited (cf. *op. cit.*, p. 161).
65. Até 1878, os chafarizes e bicas públicas eram as principais fontes de abastecimento de água da cidade do Rio de Janeiro. A partir de então começou a funcionar o sistema de água encanada (cf. V. Coaracy, *op. cit.*, pp. 186 e ss.).
66. A. Corbin, *Saberes e Odores*, São Paulo, Companhia das Letras, 1987, pp. 291-292.

áreas *perigosas*. Somente a partir das descobertas pasteurianas, os pressupostos da teoria dos miasmas começariam a ser questionados, determinando uma mudança essencial nas estratégias de ordenação e de disciplinarização do espaço urbano.

> "Substituindo a teoria dos miasmas, a teoria pasteuriana dos germes indicava que a doença não provinha fundamentalmente dos pontos concentrados de sujeira, mas poderia emanar de qualquer parte: assim, todo indivíduo se tornava suspeito, aparecendo como um portador em potencial do micróbio. A ameaça do contágio poderia estar em toda parte".[67]

O discurso médico incorporaria como temáticas básicas todos os assuntos que se vinculassem à situação definida como desordem geral da cidade, buscando compreendê-la, explicá-la e tratá-la como *doença*.

> "Autorizada por seu caráter científico, a medicina higiênica — como a medicina mental — vai constituir um discurso sobre todas as instâncias da vida, invadindo a esfera das relações pessoais para moldá-las segundo os propósitos da ordem e da disciplina urbanas".[68]

Assim, a *cidade doente* surge como objeto construído pelo saber da medicina e privilegiado na prática do médico. Na definição e no tratamento deste objeto, o pensamento médico brasileiro revelar-se-ia profundamente marcado pelas perspectivas da produção médica francesa. Basta lembrarmos, neste sentido, que tanto a organização da Academia de Medicina como a da Faculdade de Medicina seguiram padrões inspirados no exemplo francês. Segundo L. Santos Filho, em 1837, o governo regencial determinou a adoção oficial do *Codex medicamentarius gallicus* (código francês de medicamentos), que vigoraria até 1926.[69]

---

67. M. Rago, *op. cit.*, p. 44.
68. M. C. P. Cunha, *op. cit.*, p. 35. Neste sentido, veja-se, também, R. Machado e outros, *Danação da Norma*, Rio, Graal, 1978, especialmente 2.ª Parte.
69. Cf. L. Santos Filho, "Medicina...", *op. cit.*, p. 481.

Vejamos, pois, os principais traços que caracterizaram a trajetória da medicina social na França ao longo do século passado.[70] O conceito de *polícia médica* surgiu na Alemanha, onde foi utilizado pela primeira vez por Wolfgang Thomas Rau, em 1764.[71] A obra de Johann Peter Frank, *System einer vollständigen medizinischen Polizei* — cujos seis primeiros volumes foram publicados entre 1779 e 1817 e os três últimos, postumamente, entre 1822 e 1827 —, foi fundamental para a cristalização do referido conceito e sua difusão para outros países — Hungria, Itália, Dinamarca e Rússia. Em fins do século XVIII e princípios do XIX, a idéia de *polícia médica* apareceria também na França, Grã-Bretanha e Estados Unidos, onde, em condições sociais e políticas distintas, sofreu modificações.

Durante a primeira metade do século XIX, a medicina francesa se desenvolveu, assumindo uma linha independente, profundamente marcada pelos problemas sociais e higiênicos que assinalaram o perfil burguês e industrial das principais cidades do País. Segundo M. S. M. Bresciani, a preocupação com a *desordem social*

"...parece ter mesmo feito de médicos, administradores, escritores, vale dizer, o homem cultivado, habitante da grande cidade, observadores atentos da cena urbana. Como resultado dessa atividade explicitamente estimulada pelas freqüentes incursões violentas da multidão de homens pobres nas ruas de Paris durante a primeira metade do século (XIX), tem-se uma abundante produção de relatórios estatísticos e descrições literárias".[72]

As monografias médicas passaram a tratar, sobretudo, da geografia física e da história natural do espaço urbano, onde se

---

70. Os dados apresentados a seguir foram retirados de G. Rosen, "A Evolução da Medicina Social", in E. D. Nunes (org.), *Medicina Social*, São Paulo, Global, 1983, pp. 37 e ss.
71. Note-se que, no século XVIII, o termo *Polizei* possui um significado bastante amplo, compreendendo todas as funções do Estado relativas à administração interna da comunidade (cf. *Knaurs Lexikon*, Munique, Droemersche Verlagsanstalt, 1950, p. 1.280).
72. M. S. M. Bresciani, *Londres e Paris no Século XIX: O Espetáculo da Pobreza*, São Paulo, Brasiliense, 1982, p. 52.

destacavam as seguintes temáticas: nutrição, habitação e costumes dos habitantes, instituições e pessoal da saúde e a relação destes fatores com a ocorrência de doenças endêmicas, epidêmicas e esporádicas. Quanto aos métodos utilizados nestes estudos, G. Rosen se refere ao empirismo racional, à observação crítica, aos *surveys* e, a partir dos anos 1820, à análise estatística.[73] Segundo o referido autor, a idéia de *medicina social* surgiria, em 1833, a partir das reflexões de Jules Leroux e se desenvolveria nas obras sobre higiene social de J. A. Rochoux (1838) e de Foucault (1844). Contudo, somente em 1848 Jules Guérin introduziria a expressão e definiria o conceito de medicina social que, reunindo os campos da polícia médica, da saúde pública e da medicina legal, dividia-se em quatro partes: fisiologia social — que trataria, por exemplo, da "relação entre as condições físicas e mentais de uma população e suas leis ou outras instituições sociais"; patologia social — que compreenderia "o estudo de problemas sociais em relação à saúde e à doença"; higiene social — onde se situaria a preocupação com a fixação de "medidas para a promoção da saúde e prevenção de doenças"; e terapia social — que seria responsável pela investigação dos meios adequados ao tratamento da "desintegração social" e de "outras condições que as sociedades podem experimentar".[74]

Observamos, assim, que, a partir do século XIX, a medicina passaria a assumir um caráter político. Deixando de ser apenas "o *corpus* de técnicas da cura e do saber que elas requerem", a medicina passaria a compreender também

> "um conhecimento do *homem saudável*, isto é, ao mesmo tempo uma experiência do *homem não-doente* e uma definição do *homem-modelo*. Na gestão da existência humana, toma uma postura normativa que não a autoriza apenas a distribuir conselhos de vida equilibrada, mas a reger as relações físicas e morais do indivíduo e da sociedade em que vive. Situa-se nesta zona fronteiriça, mas soberana para o homem moderno, em que uma felicidade orgânica, tranqüila, sem paixão e vigorosa, se comunica de pleno direito com a ordem de uma nação, o vigor de seus exérci-

---

73. Cf. G. Rosen, *op. cit.*, p. 46.
74. Ibid., pp. 49-50.

tos, a fecundidade de seu povo e a marcha paciente de seu trabalho".[75]

Seguindo tais diretrizes, a medicina social se desenvolveria no Brasil no século passado, conferindo às reflexões médicas aqui produzidas um sentido prático que se expressava na intenção de agir sobre o *corpo doente, curando-o,* ou seja, sobre a cidade, ordenando-a dentro dos padrões médicos que definiam a higiene e a saúde. O privilégio dado aos temas relacionados à mulher e à criança na intenção disciplinadora dos hábitos e comportamentos dos habitantes da cidade revela a presença dos "quatro grandes conjuntos estratégicos, que desenvolvem dispositivos específicos de saber e poder a respeito do sexo", detectados por Foucault a partir do século XVIII: a histerização do corpo da mulher; a pedagogização do sexo da criança; a socialização das condutas de procriação; e a psiquiatrização do prazer perverso.[76]

Na construção deste projeto normatizador, a Academia Imperial de Medicina, bem como a Faculdade de Medicina do Rio de Janeiro desempenharam um papel fundamental, à medida que se definiam como espaços de produção de uma "consciência coletiva dos fenômenos patológicos".[77] Para tentar viabilizá-lo foi preciso não só assegurar um poder de atuação sobre a *rua,* através do atrelamento ao Estado, mas também conquistar o lugar até então ocupado pelo padre na *casa,* através da conversão da mulher em aliada. Foi preciso, ainda, excluir da tarefa o *curandeiro* e o *charlatão,* já que somente ao saber *científico,* único *legítimo,* caberia cumpri-la.[78]

---

75. Foucault, *op. cit.*, p. 39.
76. Cf. Foucault, *História da Sexualidade: A Vontade de Saber,* 3.ª ed., Rio, Graal, 1980, vol. I, pp. 98 e ss.
77. Foucault, *O Nascimento...*, *op. cit.*, p. 30.
78. Sobre as disputas entre o *saber científico e o saber prático,* veja-se G. Freyre, *op. cit.*, pp. 506 e ss., onde o autor narra o conflito entre um curandeiro africano e um médico europeu ocorrido em meados do século XIX na cidade do Recife, durante a epidemia de cólera. Veja-se também L. Santos Filho, "Medicina...", *op. cit.*, pp. 481 e ss.

2.
A prostituição como objeto do saber médico: um território inexplorado

> *"Lançamo-nos em uma imensa charneca, ainda não roteada, na qual se acouta a fera da libertinagem; e sem um guia que nos desse a mão aventuramo-nos a explorar seus esconderijos para investirmos contra ela, inermes como estamos, em sua própria toca."* (Herculano A. L. Cunha, Dissertação Sobre a Prostituição, em Particular na Cidade do Rio de Janeiro, *1845.*)

As origens de uma produção médica voltada, prioritariamente, para questões relacionadas ao cotidiano urbano situam-se, como vimos, na década de 1830, com a criação da Academia Imperial de Medicina e da Faculdade de Medicina do Rio de Janeiro. A perspectiva adotada na abordagem médica destas questões se orienta no sentido de definir o Rio de Janeiro como uma *cidade doente*, ou seja, como um espaço infectado que deve ser conhecido e tratado. As transformações históricas que, lentamente, iam alterando a configuração da cidade e o contato com os estudos desenvolvidos pelos médicos europeus — notadamente franceses — no campo da medicina social foram, como vimos, aspectos essenciais na elaboração pela comunidade médica do Rio de Janeiro de um projeto de higienização do espaço urbano, cujo conteúdo social e político foi devidamente observado pelos autores de *Danação da Norma*: "Todos os componentes urbanos, todos os lugares, objetos e elementos devem estar sob controle e sob seu (do médico) controle".[1]

Como observou A. Corbin, desde o século XVIII, nas representações da prostituta, do louco, de certos detentos, do judeu, do homossexual e do *homem-esterco,* percebemos a presença de um ponto em comum: o parentesco com o lixo.

> "Quer se trate do excremento, quer se trate da prostituta ou do catador, o incessante vaivém do fascínio à repulsa pontua o discurso do mesmo modo como regula a atitude dos higienistas e dos pesquisadores sociais".[2]

Desta forma, concebida como uma das muitas outras faces da *cidade doente* e, portanto, como um dos objetos a serem explorados e conhecidos, a prostituição passou a ser uma temática freqüentada nos textos médicos produzidos no Rio de Janeiro a partir da década de 1840.

Como vimos, o pensamento médico brasileiro do século passado foi profundamente marcado pelas concepções da medicina social desenvolvidas na França desde fins do século XVIII. Neste sentido, dentre os trabalhos produzidos no campo da higiene pública, destaca-se a obra do Dr. A. J. B. Parent-Duchâtelet. Professor da Escola de Medicina (desde 1823), membro do Conselho da Salubridade de Paris (desde 1825) e da Academia Real de Medicina,

> "...dedicou sua vida profissional à busca dos focos de contágio de moléstias epidêmicas em Paris. Os esgotos e as prostitutas, considerados por ele receptores dos dejetos humanos, foram objetos de intensa pesquisa com resultados expressos no mapeamento dos desaguadouros subterrâneos da cidade e na regulamentação da prostituição controlada pela polícia".[3]

1. R. Machado e outros, *Danação da Norma*, Rio, Graal, 1978, p. 260.
2. A. Corbin, *Saberes e Odores*, São Paulo, Companhia das Letras, 1987, p. 189.
3. M. S. M. Bresciani, "Metrópoles: As Faces do Monstro Urbano (As Cidades no Século XIX)", in *Revista Brasileira de História*, São Paulo, ANPUH/Marco Zero, vol. 5. n.os 8/9, set. 1984/abr. 1985, p. 62.

Autor de um minucioso estudo sobre a prostituição em Paris,[4] suas idéias teriam grande projeção nos escritos médicos sobre a a prostituição no Rio de Janeiro, produzidos entre 1840 e 1890. Em quase todos estes textos encontramos referências e citações da obra de Parent-Duchâtelet, principalmente no que se refere a questões básicas, tais como a definição e a classificação da prostituição e das prostitutas, causas e efeitos da prostituição, a prostituição como um *mal necessário* e a regulamentação. O constante recurso a outros higienistas franceses que trataram da prostituição e/ou da sífilis — tais como Jeannel, Reuss, Fournier — parece reforçar o predomínio das linhas adotadas pela medicina francesa do século XIX na abordagem da questão.[5] Contudo, a partir de 1869/1870, os textos examinados revelam uma ampliação do contato com os enfoques da prostituição e da sífilis desenvolvidos por médicos ingleses, belgas, italianos, suecos, austríacos, russos, norte-americanos e argentinos, embora a preeminência do pensamento francês fosse mantida pelo menos até 1890.

O processo de assimilação da *prostituição* como objeto do saber médico esteve marcado, contudo, por hesitações e ambigüidades. A *vontade de saber* do cientista, muitas vezes, esbarrava nos obstáculos impostos pela concepção cristã, que fazia do *corpo*, do *sexo*, do *prazer* e do *desejo* temas melindrosos, estigmatizados pela idéia de *pecado*. A presença de uma moralidade cristã se traduz, por exemplo, nas freqüentes citações bíblicas, nas epígrafes retiradas das epístolas e nas constantes referências ao pensamento agostiniano. Além disso, os textos médicos sobre a prostituição são marcados, a princípio, por um tom embaraçoso,

---

4. A. J. B. Parent-Duchâtelet, *De la prostitution dans la ville de Paris sous le rapport de l'hygiène publique, de la morale et de l'administration,* 2.ª ed., Paris, Baillière, 1837, 2 vols. A Biblioteca Nacional (RJ) possui um exemplar desta 2.ª edição da obra.
A. Corbin faz uma interessante análise das concepções defendidas por Parent-Duchâtelet acerca da prostituição em *Les Filles de Noce. Misère sexuelle et prostitution aux 19e 20e siècles,* Paris, Aubier Montaigne, 1978, pp. 13 e ss.
5. Com exceção da obra de J. F. de Souza, na qual observamos o predomínio do pensamento médico inglês (cf. J. F. de Souza, "Memória Sobre as Medidas a Adotar Contra a Prostituição no País", in *Anais Brasilienses de Medicina,* vol. XXVIII, n.os 8 ao 10, jan. a mar. 1877).

que se expressa na insistência em justificar a escolha do tema, situando-o como objeto da medicina.

Em 17 de dezembro de 1845, Herculano A. L. Cunha apresentou à Faculdade de Medicina do Rio de Janeiro sua *Dissertação Sobre a Prostituição, em Particular na Cidade do Rio de Janeiro*. Dois dias depois, outro médico, o Dr. Miguel A. H. de Sá, defendeu na mesma Faculdade a tese *Algumas Reflexões Sobre a Cópula, Onanismo e Prostituição*. Trata-se das primeiras teses médicas nas quais a prostituição e a sífilis configuram-se como objetos privilegiados de análise.[6] A escolha desta temática guardaria, contudo, algumas reservas. Caracterizando a prostituição como um "objeto novo, e necessário de ser estudado", o Dr. Herculano Cunha não deixa de manifestar uma certa hesitação diante da "arduidade da matéria".

> "Eis aqui aberto diante de nós o teatro em que mais se representam as *misérias da humanidade*: o pano vai levantar-se e *teremos de ver em cena*, no grande drama da prostituição, toda essa *caterva de paixões ignóbeis*... O espetáculo será *feio* de ver, e por mais de uma vez *teremos de sentir o rubor* assomar-nos às faces".[7]

Observe-se, entretanto, que por mais "feio" e "ignóbil" que pudesse ser o espetáculo da prostituição, o médico se dispunha a ser um espectador atento, ainda que ruborizado...

Alguns anos mais tarde, a situação da prostituição na cidade do Rio de Janeiro é debatida na Academia Imperial de Medicina. A discussão não teria continuidade, já que o então Presidente,

---

6. H. A. L. Cunha, *Dissertação Sobre a Prostituição, em Particular na Cidade do Rio de Janeiro*, Rio, Tip. Imparcial de Francisco de P. Brito, 1845; M. A. H. Sá, *Algumas Reflexões Sobre a Cópula, Onanismo e Prostituição do Rio de Janeiro*, Rio, Tip. Universal Laemmert, 1845 (tese apresentada à FMRJ em 19 de dezembro de 1845).

Alguns anos antes, em 1841, o Dr. J. P. Rego havia publicado na *Revista Médica Brasileira* um artigo defendendo a regulamentação da prostituição na cidade do Rio de Janeiro (cf. J. P. Rego, "Algumas Considerações Sobre a Prostituição", in *Revista Médica Brasileira*, Rio, Ano I, n.º 1, 1841, pp. 6-15).

7. H. A. L. Cunha, *op. cit.*, p. 1, grifos nossos.

o Dr. De-Simoni, apesar de reconhecer que a reflexão médica acerca da prostituição era procedente,

"... julgava melhor não se tocar por ora em semelhantes questões... mesmo porque a nossa sociedade oferecia ainda outros males, aos quais convinha remediar primeiro...".[8]

Em 1854, o Dr. Pereira das Neves candidatava-se à admissão como membro titular da Academia de Medicina, apresentando uma memória sobre a prostituição e as medidas de polícia médica mais adequadas para impedir a propagação de moléstias venéreas.[9] A escolha desta temática relaciona-se, segundo o autor, às intenções manifestadas pelo Chefe de Polícia da Corte Alexandre Joaquim de Siqueira, no sentido de controlar a prostituição na cidade do Rio de Janeiro, através de uma regulamentação sanitária.[10] O objetivo do Dr. Pereira das Neves seria o de fornecer o ponto de vista médico como contribuição para a resolução do problema.

O tema da prostituição ia, aos poucos, ganhando terreno no campo do saber médico. Embora as hesitações persistissem e, quinze anos de silêncio parecem ter sucedido a estas primeiras expressões do pensamento médico sobre a prostituição no Rio de Janeiro, o fato é que a necessidade de conhecer já havia despertado no seio da academia o ato de falar. Referindo-se às hesitações da medicina ao formular, no século XIX, um discurso sobre sexo, Foucault conclui que:

8. *Anais Brasilienses de Medicina*, Rio, Tip. de F. de Paula Brito, 1851, vol. VI, n.º 2, nov. 1850, p. 43. Os debates foram realizados na sessão de 3 de outubro de 1850.
9. A. J. P. das Neves, "Memórias", in *Anais Brasilienses de Medicina*, Rio, Tip. de F. de Paula Brito, 1854, vol. IX, n.º 9, jun. 1854. O trabalho recebeu parecer favorável do Dr. A. Ferreira França, conferindo ao autor a sua aprovação como membro titular da Academia Imperial de Medicina em 24 de abril de 1854 (cf. *Anais Brasilienses de Medicina*, Rio, Tip. F. de Paula Brito, 1854, vol. IX, n.º 11, ago. 1854).
10. Em 1853, o Chefe de Polícia, Alexandre J. de Siqueira, enviou à Câmara Municipal do Rio de Janeiro um projeto para a regulamentação da prostituição (cf. Projeto para a regulamentação da prostituição enviado pela Secretaria de Polícia da Corte ao Presidente da Câmara Municipal, em 7 de dezembro de 1853, manuscrito, AGCRJ).

"O essencial não são todos esses escrúpulos, o 'moralismo' que revelam, ou a hipocrisia que neles podemos vislumbrar, mas sim a necessidade reconhecida de que é preciso superá-los. Deve-se falar do sexo...".[11]

Falar da prostituição é falar do corpo e do sexo. É admitir a necessidade de vencer os embaraços, cedendo, ainda que de modo vacilante, à vontade de saber. Assim, em fins de 1869, o tema voltaria a ocupar a atenção dos membros da Academia Imperial de Medicina, quando, na sessão do dia 15 de novembro, foi colocada em discussão a seguinte questão: "Em que poderão influir as medidas policiais sobre a propagação das moléstias venéreas? Haverá vantagem nessas medidas?" Incentivado pelos debates gerados e preocupado com o papel que deveria ser desempenhado pela Academia na defesa da saúde pública, o Dr. Luiz Azevedo publicou um estudo intitulado *Da Prostituição no Rio de Janeiro*.[12]

Em 6 de dezembro do mesmo ano, o Dr. João Macedo Júnior defendia, na Faculdade de Medicina do Rio de Janeiro, a tese *Da Prostituição no Rio de Janeiro e da sua Influência Sobre a Saúde Pública*, onde, mesmo caracterizando a prostituição como um "cancro hediondo, que salientemente se destaca no quadro das misérias sociais", situava o seu estudo, antes de tudo, como um "importante ponto de higiene pública". Acrescentando, ainda, que:

11. M. Foucault, *História da Sexualidade: A Vontade de Saber*, 3.ª ed., Rio, Graal, 1977, vol. I, p. 27. Para exemplificar tais "escrúpulos", o autor cita uma passagem de um texto médico de 1857: "A sombra que envolve esses fatos, a vergonha e repugnância que eles inspiram, sempre afastaram o olhar dos observadores... Durante muito tempo hesitei em introduzir neste estudo o quadro repulsivo..." (A. Tardieu, "Étude médico-légale sur les attentats aux mouers", citado por Foucault, *op. cit.*, p. 27). Note-se a semelhança com os textos sobre a prostituição escritos por médicos brasileiros na mesma época.

12. L. C. de Azevedo, "Da Prostituição no Rio de Janeiro", in *Anais Brasilienses de Medicina*, Rio, J. J. C. Cotrim, 1869, vol. XXI, n.º 6, nov. 1869, p. 210.

"Se o filósofo cristão percorrendo a história se entristece diante do aviltamento moral da mulher prostituída no templo de Anotes e no túmulo de Hylode, o médico a quem o sacerdócio força, as mais das vezes, a observar de perto os efeitos terríveis e os males incalculáveis que a prostituição faz germinar na saúde e costumes públicos, não pode deixar de estudá-la com critério".[13]

Note-se que o médico assume explicitamente como missão a tarefa de superar os obstáculos morais: mais *cientista* do que *cristão*, predispõe-se a conhecer uma *realidade triste,* mas, sobretudo, *perigosa.*

A partir de 1870, a Academia de Medicina passava a assumir uma postura mais definida quanto à necessidade de serem tomadas medidas contra a prostituição. No elenco dos temas propostos, anualmente, para a elaboração de memórias médicas que concorriam aos prêmios oferecidos pela referida instituição, foram incluídas as seguintes opções: a) "Da prostituição no Rio de Janeiro", em 1870 e 1872; b) "Quais as medidas a adotar contra a prostituição no País?", em 1875; c) "O melhor projeto sobre as medidas a adotar contra a prostituição no País", em 1876 e 1877.[14]

Comentando o discurso pronunciado pelo Dr. J. P. Rego (Barão de Lavradio), então Presidente da Academia Imperial de Medicina, na sessão aniversária de 29 de junho de 1875, o Dr. Peçanha da Silva afirma que nele ficava patenteada,

"...de um modo evidente, a conveniência de providências eficazes para opor-se aos progressos e males terríveis causados pela prostituição, que ostenta-se soberba à luz do dia

---

13. J. A. de A. Macedo Jr., *Da Prostituição no Rio de Janeiro e da sua Influência Sobre a Saúde Pública,* Rio, Tip. Americana, 1869, p. 1. Trata-se de um trabalho que reproduz quase literalmente a tese defendida, em 1845, pelo Dr. Herculano A. L. Cunha (*op. cit.*).
14. Cf. *Anais Brasilienses de Medicina,* 1871, 1873, 1876-1878, vols. XXII, XXIV, XXVII, XXVIII e XXIX. Em novembro de 1873, os membros da Academia decidiram suprimir do programa para o ano de 1874 a questão relativa à prostituição no Rio de Janeiro e substituí-la pela "do beribéri, especialmente com relação à sua natureza e tratamento" (cf. *Anais Brasilienses de Medicina,* 1874, vol. XXV, p. 224).

em nossa cidade, e que efeitos tão perniciosos exerce sobre a mocidade inexperiente e a velhice pretensiosa!"[15]

No mesmo ano, o Dr. Siqueira Filho publicava um estudo sobre a prostituição na cidade do Rio de Janeiro. Definindo-se como "médico obscuro", o autor dirige a obra ao Chefe de Polícia, com o propósito de defender, através de seus conhecimentos, a necessidade de medidas "sensatas e moderadas", eficazes no combate dos males que "a prostituição e a sífilis derramam em nossa bela cidade".[16] No ano seguinte o autor apresentou o mesmo estudo à Academia de Medicina com o objetivo de obter sua admissão como membro adjunto da Seção Médica.[17] Escrita também em 1875, a *Memória sobre as Medidas a Adotar contra a Prostituição no País* do Dr. João F. de Souza foi publicada no ano seguinte. Submetida à apreciação do Dr. José Brum, a memória foi aprovada como condição para o acesso do candidato ao título de membro adjunto da Seção Médica da Academia Imperial de Medicina e publicada nos *Anais Brasilienses de Medicina*.[18]

No "Proêmio" da tese sustentada e aprovada na Faculdade de Medicina do Rio de Janeiro em 21 de dezembro de 1872,[19] o Dr. Francisco F. de Macedo justifica a escolha do tema —

---

15. Discurso proferido pelo Dr. Peçanha da Silva na sessão de 15/07/1875, in *Anais Brasilienses de Medicina*, vol. XXVII, n.º 3, ago. 1875.
16. J. de G. e Siqueira Filho, *A Prostituição na Cidade do Rio de Janeiro. Necessidade de Medidas e Regulamentos Contra a Propagação da Sífilis*, Rio, Tip. da Reforma, 1875, p. 108.
17. Cf. Parecer sobre a memória do Dr. José de G. e Siqueira Filho pelo Dr. Alexandre J. S. de F. Guarany, in *Anais Brasilienses de Medicina*, Rio, Laemmert, 1879, vol. XXX, n.os 10 ao 12, mar. a maio 1879. O autor obteve sua admissão na Academia com a aprovação do referido trabalho.
18. J. F. de Souza, *Memória Sobre as Medidas a Adotar Contra a Prostituição no País*, Rio, Tip. Cosmopolita, 1876. Cf. Parecer sobre a memória do Dr. João F. de Souza apresentado à AIM em sessão de 05/06/1876 pelo Dr. José Z. de M. Brum, in *Anais Brasilienses de Medicina*, vol. XXX, n.os 10 ao 12, mar. a maio 1879.
Utilizamos aqui a versão publicada nos Anais que, aliás, não apresenta modificações substantivas com relação à primeira publicação.
19. F. F. de Macedo, *Da Prostituição em Geral, e em Particular em Relação à Cidade do Rio de Janeiro: Profilaxia da Sífilis*, Rio, Tip. Acadêmica, 1872.

UM TERRITÓRIO INEXPLORADO 61

definido como "vasto e melindroso" —, caracterizando-o como um assunto de gravidade e merecedor da atenção médica. Diante das reações desfavoráveis e críticas à temática escolhida, afirma:

"À voz do dever, a voz da consciência ilibada do congresso impuro de impudica ostentação e, enfim, a voz da só liberdade psicológica, cingem minha existência, e da imperfeição, nojo do assunto, e escolha de meu trabalho, pedem-me vênia para se incumbirem de responder àqueles que por sua causa tentaram criminar-me".[20]

O assunto ainda inspirava "nojo", mas o "dever", a "consciência" e a "liberdade psicológica" sedimentavam, cada vez mais, a *legitimidade* da tarefa que deveria ser executada pelo médico.

Em meio a este movimento de disseminação de textos médicos sobre a prostituição foi enviada à Câmara dos Deputados uma representação, assinada por 759 cidadãos residentes na cidade do Rio de Janeiro, solicitando

"... medidas corretivas contra abusos praticados pelas meretrizes nas mais públicas ruas, com ofensa da moralidade e prejuízo dos comerciantes estabelecidos, que se vêm obrigados a mudar de casa pela alta dos aluguéis dos prédios, produzida por maior demanda dos que traficam com a exploração de prostitutas importadas da Europa".[21]

A petição foi encaminhada e examinada pela Comissão de Saúde da Câmara, composta pelos Deputados Felício dos Santos e Lima

---

20. Ibid., p. 1. Este tom já não encontraríamos mais na tese apresentada pelo Dr. C. P. Ramos à Faculdade de Medicina do Rio de Janeiro em 30 de setembro de 1881, na qual o autor dedica os dois últimos capítulos a reflexões acerca da prostituição, vista como principal elemento de disseminação da sífilis (cf. C. P. Ramos, *Quais as Medidas Higiênicas que se Devem Observar Para Impedir o Desenvolvimento Crescente da Sífilis no RJ?*, Rio, Imp. Industrial, 1881).
21. Parecer n.º 137 da Comissão de Saúde da Câmara dos Srs. Deputados apresentado pelos Exmos. Srs. Lima Duarte e Felício dos Santos em sessão de 19/08/1879 e aprovado pela mesma Câmara, in *Diário Oficial*, n.º 222, 20/08/1879, p. 14.

Duarte. No Parecer n.º 137, de 19 de agosto de 1879, a referida Comissão, mesmo reconhecendo a exatidão e gravidade dos fatos alegados pelos peticionários, conclui que

"...não há necessidade de providências especiais do Poder Legislativo Geral *legem habemus*. O objeto é de polícia municipal competindo exclusivamente às Câmaras Municipais (Art. 66 da lei de 1.º de outubro de 1828)".

Os autores do Parecer posicionam-se claramente contra a regulamentação sanitária da prostituição e recomendam o envio de cópias da representação à Câmara Municipal e ao Chefe de Polícia da Corte. De acordo com a posição assumida pela Comissão de Saúde da Câmara, a repressão e o controle da prostituição no Rio de Janeiro *não* se configurava como um problema pertinente à área de saúde pública — como muitos médicos vinham defendendo —, mas sim como uma questão exclusivamente da alçada policial.

Em fins da década de 1880, o debate em torno do tema ganhava cada vez maior destaque no interior da Academia de Medicina. Em 1888, sob a presidência do Conselheiro Carlos Frederico, foi nomeada uma comissão composta pelos Drs. Costa Ferraz, Pereira Guimarães, Alfredo Piragibe, Soeiro Guarany e Silva Araújo, atendendo às solicitações feitas pelo Conselheiro Ferreira Vianna, então Ministro do Império, à Academia de Medicina, no sentido de estudar e propor "os meios de debelar os efeitos da prostituição, que toma entre nós proporções assustadoras, com grave prejuízo da saúde e da moral pública".[22] Dois anos mais tarde, o Dr. Silva Araújo propunha uma discussão sobre a regulamentação sanitária da prostituição. O assunto acabaria ocupando três sessões consecutivas da Academia, a do dia 27 de janeiro (convocada em caráter extraordinário) e as dos dias 30 de janeiro e 6 de fevereiro do mesmo ano.[23]

---

22. Relatório dos trabalhos da Academia Nacional de Medicina (1889-1890) pelo Dr. A. J. P. da S. Araújo, in *Anais da Academia de Medicina do Rio de Janeiro*, Rio, Laemmert, 1890, vol. LVI, p. 28.
23. Cf. *Boletim da Academia de Medicina do Rio de Janeiro*, Rio, Imp. Nacional, 1891, n.os 9 e 10, jan. e fev. 1890, pp. 60-73. Os debates então travados deram origem aos seguintes trabalhos: a) *Da Regulamentação*

O ano de 1890 representa, portanto, um marco, enquanto momento expressivo da incorporação da temática da prostituição como objeto do saber médico. No relatório dos trabalhos da Academia — relativo ao período de maio de 1889 a junho de 1890 —, o Dr. Silva Araújo afirma:

"O assunto que, neste ano, mais apaixonou os nossos colegas... foi a seguinte tese, por mim proposta à Academia: *Regulamentação sanitária da prostituição*. Mais tarde foi esta tese substituída, por inspiração de mais de um acadêmico, especialmente pelo Sr. Conselheiro Professor Caminhoá, por esta outra: *Profilaxia pública da sífilis*".[24]

A partir destas discussões foi elaborado, pela mesma comissão criada em 1888, um parecer sobre a profilaxia pública da sífilis, no qual ficava evidenciada oficialmente a posição da Academia diante da questão da prostituição.[25] O processo de incorporação da prostituição ao campo do saber médico trazia implícita a necessidade de transformá-la em objeto da ação médica. Assim, diferentemente da posição assumida por De-Simoni em 1850, o Dr. Moura Brazil denuncia, no discurso proferido na sessão magna de 30 de junho de 1891, que foram vãos os esforços da Academia no sentido de fixar os meios mais indicados de conter a sífilis e a prostituição no Rio de Janeiro. Referindo-se ao fato de, enquanto Presidente da Academia de Medicina, ter levado ao

---

da Prostituição, do Dr. Costa Ferraz (in *Anais da Academia de Medicina do Rio de Janeiro*, Rio, Laemmert, 1890, vol. LV, pp. 259-278); b) *Regulamentação Sanitária da Prostituição*, do Dr. Silva Araújo (in idem, pp. 213-253); c) *Regulamentação Sanitária da Prostituição e Sífilis Ocular no Rio de Janeiro*, do Dr. Moura Brazil (in idem, pp. 415-432); d) *Memória Sobre a Profilaxia da Sífilis no Rio de Janeiro*, do Conselheiro Caminhoá (in idem, pp. 363-414).

E, ainda, a uma conferência realizada na escola S. José pelo Professor Pizarro Gabizo, publicada n'*O Brazil-Médico* (cf. P. Gabizo, "Sobre a Regulamentação da Prostituição", in *O Brazil-Médico,* Rio, Ano IV, vol. IV, 1890, pp. 68-69).

24. Relatório dos trabalhos acadêmicos da ANM (1889-1890) pelo Dr. A. J. P. da S. Araújo, *op. cit.*, p. 23.

25. O referido parecer foi discutido e aprovado em sessão de 24 de abril de 1890 (cf. *O Brazil-Médico*, Rio, Ano IV, vol. IV, 1890, p. 136).

conhecimento do Ministro do Interior os resultados dos debates realizados, afirma:

> "Provavelmente aquele trabalho nem foi lido!! Interesses de outra ordem desviaram-lhe a atenção dessa questão social que tanto tem ocupado os povos cultos e os poderes públicos. Nada se fez, nada se fará. Para os ministros da República só têm importância os regulamentos eleitorais e as partilhas de privilégios como direitos de famílias".[26]

Tais considerações expressam, claramente, a perspectiva assumida pela instituição no sentido de que as reflexões desenvolvidas pela comunidade médica não se perdessem como "meras elucubrações mentais". Pretendia-se, pois, que estas reflexões ensejassem a implantação efetiva das medidas de controle da prostituição e da sífilis propostas. O tom de protesto revela também a presença de um conflito entre as instâncias de poder representadas pela Academia de Medicina e pelo governo republicano, ao menos no que tange à viabilização das referidas medidas. Voltaremos a esta questão em outra parte do presente trabalho.

Pela trajetória do tema da prostituição nos meios acadêmicos da medicina podemos observar a presença de uma tendência no sentido de associar *prostituição* a *moléstias venéreas*. Tal aspecto apresenta-se como um dado fundamental não só para que o estudo da prostituição pudesse ser plenamente absorvido nos espaços de produção do conhecimento médico mas também para que se *legitimasse* uma atuação *saneadora* do médico. Os defensores da regulamentação sanitária da prostituição no Rio de Janeiro — que, como veremos, eram a maioria — justificavam a sua posição, baseando-se, sobretudo, na afirmação do crescimento dos índices de moléstias venéreas (particularmente da sífilis) na cidade. Não estamos querendo dizer com isto que a sífilis foi um mero produto da imaginação dos médicos, mas sim que a dimensão que ela teria assumido no Rio de Janeiro do século passado ficou registrada, historicamente, através do olhar

---

26. Discurso proferido pelo Dr. Moura Brazil na sessão aniversária de 30/06/1891, in *Anais da Academia de Medicina do Rio de Janeiro*, Rio, Tip. do Brazil, 1891, vol. LVII, pp. 18-19.

e da fala do médico. Assim, não podemos deixar de observar que, enquanto para os defensores da regulamentação da prostituição os índices sifilíticos não paravam de aumentar na cidade, o Dr. Costa Ferraz (contrário à medida) notava em sua clínica uma "sensível diminuição" dos casos de sífilis.[27] Diante disso, a pergunta formulada pelo Dr. Carlos A. Henriques, ao discutir a questão da AIDS nos nossos dias, nos parece profundamente pertinente:

> "Quanto ao aumento de incidência das doenças sexualmente transmissíveis, eu me pergunto se haveria realmente um aumento na disseminação destas doenças, ou se o aumento estaria na disseminação de informações sobre a doença, por interesses diversos. A sífilis foi uma moléstia que teve uma incidência altíssima durante uma determinada época, e depois foi praticamente erradicada; agora, diz-se que está aumentando de novo. Por que agora?"[28]

É essencial, portanto, que não percamos de vista as palavras do Dr. Jean C. Nahoum, outro médico preocupado com a questão da AIDS:

> "O corpo tem uma série de elementos, normais ou anormais, que nós organizamos e reunimos de determinada maneira, e a esta construção chamamos 'diagnóstico'. Não é, pois, de se estranhar que as doenças mudem. Certamente mudam, pois a natureza não é imutável, porém mais mutável que a natureza é a nossa cabeça — diagnosticamos o que queremos diagnosticar".[29]

A disseminação de textos médicos sobre a prostituição no Rio de Janeiro, a partir de meados do século passado, parece indicar que a necessidade de conhecer havia conduzido à superação das interdições que revestiam o tema e este acabaria sendo plenamente incorporado como objeto do saber e do fazer médico. Os escritos de 1890 deixariam de manifestar o tom de hesitação,

---

27. Cf. *O Brazil-Médico, op. cit.*, Ano IV, vol. IV, 1890, p. 136.
28. Entrevista com o Dr. Carlos A. Henriques, in *Revista Médico Moderno*, Rio, Ano IV, vol. IV, n.º 6, jul. 1985, p. 27.
29. Entrevista com o Dr. Jean C. Nahoum, in idem, p. 15.

tão característico nos estudos anteriores. A preocupação em justificar a escolha do tema, situando-o como objeto do saber médico, tornar-se-ia ausente. A concepção da prostituição como principal meio de produção e difusão das moléstias venéreas definia-a, antes de tudo, como *doença,* inserida seguramente no campo dos estudos de higiene médica e saúde pública.

Penetrar no desconhecido e desvendá-lo, eis a missão claramente definida e assumida pelo médico na elaboração de um discurso sobre a prostituição:

> "Se, porém, ao médico... corre muitas vezes o dever de penetrar nos antros os mais repugnantes a fim de conseguir o desaparecimento de um foco miasmático, ou estudar e prevenir os efeitos maléficos que produzem no organismo humano, não será estranhável que levantemos, com mágoa, o véu imundo que cobre tanta miséria e degradação, visto como deste modo chamaremos ao menos a atenção dos que devem curar da saúde pública para assunto tão importante".[30]

A prostituição é assim concebida como um perigo escondido nos "antros" e coberto por um "véu". Um perigo desconhecido que, apesar de "repugnante", "imundo", "miserável" e "degradante", deve ser estudado pelo médico. Cabe a este fazer desaparecer o foco miasmático e prevenir seus "efeitos maléficos" sobre o organismo humano e a saúde pública. Apesar da "mágoa", é preciso que o médico penetre no desconhecido e levante o véu que o encobre; é preciso que o médico faça da *ameaça* oculta uma *ameaça* conhecida e classificada, tornando-a, assim, controlável.

Para conhecer a prostituição foi preciso deixar de vê-la apenas como *pecado,* para convertê-la, antes de tudo, em *doença*: "... ao invés da questão da morte e do castigo eterno, o problema da vida e da doença. A 'carne' é transferida para o organismo".[31] Para que o médico se aventurasse a explorar a "toca" foi preciso, antes, afirmar que aí se escondia a doença...

---

30. J. A. de A. Macedo Jr., *op. cit.,* p. 2.
31. M. Foucault, *História da Sexualidade...*, *op. cit.,* p. 111.

UM TERRITÓRIO INEXPLORADO

A defesa do tratamento e da profilaxia da sífilis é bastante ilustrativa neste sentido. No enfrentamento da questão, o médico viu-se diante de uma interdição de fundo moral cristão, representada pela crença de que as moléstias venéreas seriam um *castigo divino* às práticas sexuais *pecaminosas* e, por isso, não poderiam ser evitadas ou curadas. Segundo C. Quétel, apesar do desenvolvimento das investigações médicas sobre as moléstias venéreas no decorrer do século passado, os resultados obtidos encontravam-se comprometidos pela permanência das restrições impostas pela referida crença assegurada, na França, pela "Igreja, pelos poderes locais e pelo povo em geral".[32]

No enfrentamento deste obstáculo, o médico procurava impor uma nova perspectiva, formulada a partir de fins do século XVIII, de acordo com a qual as moléstias venéreas não poderiam continuar sendo encaradas como "uma punição que o céu reservou à libertinagem", pois tal "prevenção" expressava uma "pretensão moral falsa e mesquinha".[33]

Nos textos médicos sobre a prostituição, o argumento básico utilizado para fundamentar tal perspectiva caracteriza-se pela preocupação com as *vítimas inocentes* das moléstias venéreas. Caracterizando a concepção segundo a qual a sífilis seria um castigo divino e por isso não poderia ser "aplacada ou eliminada pelos homens" como própria do "fanatismo religioso que vigorou na época da Inquisição", o Dr. Lassance Cunha procura combatê-la através das seguintes proposições:

"1.º Se a sífilis fosse um castigo celeste, ela não acometeria tantos inocentes que são vítimas da libertinagem de outrem.
2.º A humanidade, lecionada em cada página do Evangelho por aquele que para salvar padeceu morte afrontosa, é a base, ou antes, é ela mesma a nossa moral, a nossa religião: portanto, é anti-religioso e antimoral o princípio que condena por sacrilégio o tratamento profilático da sífilis.
3.º Esta enfermidade, longe de ser um obstáculo, é um princípio de corrupção".[34]

32. C. Quétel, *Le mal de Naples. Histoire de la syphilis*, Paris, Seghers, 1986, pp. 150-151.
33. P. Ricord, citado por C. Quétel, *op. cit.*, p. 151.
34. H. A. L. Cunha, *op. cit.*, p. 56; cf., também, J. A. de A. Macedo Jr., *op cit.*, pp. 35 e 41-43.

Dizendo-se "estranho a certos escrúpulos" e tendo em vista somente "as mulheres, as crianças, e outras pessoas inocentes, que freqüentemente são vítimas de faltas, que não cometeram", o Dr. Pereira das Neves sente-se plenamente à vontade para "examinar os preservativos (das moléstias venéreas) e seu modo de ação".[35] No mesmo sentido posiciona-se ainda o Dr. Caminhoá, para quem a propagação da sífilis provoca "medonhos desastres e inúmeras mortes, muitíssimas das quais de pessoas inocentes, como sejam criancinhas e esposas virtuosas..."[36]

Como podemos observar, o argumento assentado na preocupação com as *vítimas inocentes* é reforçado pelo princípio que estabelece como *dever* do médico aliviar todo e qualquer tipo de sofrimento. Idéia, aliás, fundamentada em aspectos da moral cristã, expressa de modo mais explícito pelo Dr. Macedo:

> "Apropriados... dos direitos e deveres que lhes assistiam, apossados da nobre missão de que estão incumbidos na terra perante os seus semelhantes, alguns médicos deram de mão a prejuízos para se lembrarem da humanidade sofredora e prosseguir desassombradamente pela vereda espinhosa, mas santa, que lhes indigitavam as leis de seu sagrado mister..."[37]

No mesmo sentido, o Dr. Pereira das Neves lembra que "tudo aquilo que pode aliviar a humanidade sofredora jamais poderá desagradar a Deus...".[38]

Notamos, deste modo, que a argumentação médica, conferindo relevo à figura da *vítima inocente* e sublinhando a *santa missão* do médico, constrói no mesmo campo ideológico do discurso adversário uma justificativa em favor da profilaxia da sífilis. Sem romper ou negar o ideário cristão, o discurso médico acaba por recriá-lo, transformando-o em instrumento eficaz na superação dos obstáculos que se interpunham entre a *vontade de saber* do médico e os temas situados no terreno do quase proibido.

---

35. A. J. P. das Neves, *op. cit.*, p. 20.
36. J. M. Caminhoá, *op. cit.*, p. 409; cf., também, J. C. M. Brazil, *op. cit.*, p. 416; e F. F. de Macedo, *op. cit.*, pp. 174 e ss.
37. F. F. de Macedo, *op. cit.*, p. 174.
38. A. J. P. das Neves, *op. cit.*, p. 284.

UM TERRITÓRIO INEXPLORADO 69

Defender a "moral"... Combater a "libertinagem" e a "corrupção"... *Velhas* missões que, do ponto de vista médico, deveriam ser realizadas através de um *novo* instrumento: ao invés da *fé*, a *ciência*.

Para reforçar esta consideração vale a pena mencionar a preocupação do Dr. Pereira das Neves no sentido de opor a *ineficácia* dos meios repressivos decorrentes da concepção das moléstias venéreas como castigo divino — quais sejam, a intimidação através da divulgação dos horrores da doença, agravados pela idéia de punição ao pecado, como únicos recursos para prevenir a propagação destas doenças — à *eficiência* da profilaxia e da intervenção médica.[39] Redimensionando os aspectos morais cristãos, o saber médico buscou *legitimar-se* e *consolidar-se* ao longo do século XIX, como uma nova instância de poder na sociedade. Perspectiva que se revela ainda na ênfase dada à luta contra o "charlatanismo" ou os "falsos curandeiros" nas propostas sugeridas pelos médicos para restringir os índices de propagação das moléstias venéreas e, particularmente, da sífilis, na cidade do Rio de Janeiro.

* * *

A necessidade de conhecer manifestava-se, assim, no próprio ato de *falar sobre* a prostituição que, como vimos, iria, aos poucos, se generalizando no meio acadêmico da medicina. Cioso da sua missão, o médico se dispõe a levantar o *véu* e a dar início a um exame minucioso da doença desvendada... As etapas por ele percorridas na elaboração de um conhecimento da prostituição são claramente perceptíveis: definição (o que é a doença); origens (causas da doença); sintomas (efeitos da doença); tratamento (profilaxia e/ou cura, controle da doença).

Fixando os limites entre a *normalidade* e a *doença* no campo da sexualidade, o discurso sobre a prostituição traz implícito um projeto de normatização higiênica do corpo, concebido não apenas num sentido físico, mas, também, num sentido moral e num sentido social. Observando a prostituição através de lentes reveladoras de cada uma destas dimensões, o médico constrói as

---

39. Ibid., pp. 14-15 e 284.

categorias básicas de classificação: a *perversão* (a doença física); a *depravação* (a doença moral); e o *comércio do corpo* (a doença social). Na elaboração de um diagnóstico minucioso, o médico desempenha o seu papel incorporando vários personagens: o cientista, o educador, o moralista, o economista, o legislador, o político.

3.
Girando as lentes do microscópio: a definição dos significados da doença

> *"É uma moça gasta para os prazeres: ainda jovem no corpo, mas velha n'alma. (...) Eis o que é Lúcia; daqui a algum tempo o hábito fará dela o mesmo que tem feito das outras: envelhecerá o corpo, como já envelheceu a alma". (José de Alencar, Lucíola, 1862)*

A sexualidade pervertida: a dimensão física do corpo doente

Nos textos sobre a prostituição produzidos no Rio de Janeiro, entre 1840 e 1890, os médicos concebem a sexualidade como função orgânica vinculada à necessidade de reprodução da espécie e, portanto, como um dado da natureza humana. A satisfação do desejo sexual, através do prazer, é reconhecida como uma exigência fisiológica. Mas, o desejo produzido pelo instinto natural é visto, ao mesmo tempo, como necessidade e veneno para o corpo e, assim, de sua livre manifestação poderia resultar a destruição do organismo. A livre manifestação do desejo é definida pelas noções de *excesso de prazer* e/ou *ausência da finalidade reprodutora*.

A atividade sexual, situada pelo médico no âmbito daquelas noções, deixa de ser considerada como parte da vida do corpo e adquire o caráter de *perversão,* compreendida, esta última, não só como sintoma do organismo doente, mas também como foco da degeneração física. Eis os principais passos percorridos na construção da dimensão física dos limites entre a normalidade e a doença no campo da sexualidade.

Estreitamente vinculada às idéias de *prazer excessivo* e *não-reprodução,* a prostituição é inserida pelo médico no espaço da sexualidade pervertida. Deste modo, a prostituta é classificada — ao lado do libertino, do pederasta, do onanista, do sodomita, da lésbica e da ninfomaníaca — entre os tipos que apresentam um comportamento sexual desviante, segundo os critérios médicos de avaliação. A noção de desvio utilizada na elaboração desta tipologia traz explícita a percepção da sexualidade doente como uma distorção da natureza e, assim, a perversão sexual, qualificada de antifísica e de antinatural, é identificada como doença do organismo.

Mais do que um tipo de perversão, a prostituição é concebida como uma categoria capaz de expressar o conjunto das práticas localizadas no plano da sexualidade pervertida, tais como a pederastia, o lesbianismo ou safismo, o onanismo, a sodomia, a ninfomania e a libertinagem que, aliás, pelo menos até princípios do século XX, não costumavam se constituir em temas tratados de modo mais específico nas teses da Faculdade de Medicina do Rio de Janeiro e nos trabalhos publicados pelos *Anais da Academia de Medicina* do Rio de Janeiro.[1] Como observou P. Fry,[2]

1. Com relação ao onanismo, mencionem-se como exceções as teses do Dr. A. M. A. Heredia de Sá, *Algumas Reflexões Sobre a Cópula, Onanismo e Prostituição no Rio de Janeiro* (Rio, Tip. Laemmert, 1845) e do Dr. A. A. d'Almeida Camillo, *O Onanismo na Mulher; sua Influência Sobre o Físico e o Moral* (Rio, Tip. Portella, 1886). O primeiro trabalho médico sobre o homossexualismo, de que temos conhecimento, produzido no Rio de Janeiro, é o estudo do Dr. J. R. Pires de Almeida, *Homossexualismo: A Libertinagem no Rio de Janeiro* (Rio, Tip. Laemmert, 1906), onde, aliás, algumas partes são especificamente dedicadas ao tema da prostituição.
2. Cf. P. Fry "Léonie, Pombinha, Amaro e Aleixo: Prostituição, Homossexualismo e Raça em Dois Romances Naturalistas", in vários, *Caminhos Cruzados,* São Paulo, Brasiliense, 1982, pp. 33-34. Vejam-se também as considerações de R. Sennett acerca da história das idéias de masturbação em M. Foucault, e R. Sennett, "Sexuality and solitude", in *London Review of Books,* 21 may/3 june, 1981, pp. 4-7.

A DEFINIÇÃO DOS SIGNIFICADOS DA DOENÇA

embora já aparecessem nomeadas, as *anomalias sexuais* só começariam a ser minuciosamente descritas pelo médico a partir de fins do século passado. Até então, o discurso sobre o sexo seria basicamente formulado através de duas temáticas centrais e contrapostas: a da *prostituição*, concebida como espaço da sexualidade doente, como lugar das perversões; e a do *casamento*, concebido como instituição higiênica e único espaço da sexualidade sadia reconhecido no discurso. Desta forma, a sexualidade sadia é definida pela idéia de *prazer comedido* — nem excessivo, nem ausente —, que garante a reprodução da espécie e não ameaça a integridade do corpo.

Parent-Duchâtelet estabelece a divisão da prostituição em pública e clandestina para distinguir as prostitutas registradas e, portanto, sujeitas ao regulamento sanitário, das que exerciam a prostituição de forma escamoteada. Apesar da inexistência da regulamentação sanitária da prostituição nas cidades brasileiras, os médicos adotam esta classificação para fixar a linha divisória entre o *explícito* e o *obscuro*, conferindo elasticidade e amplitude à idéia de prostituição.[3] Limitemo-nos, por ora, a observar o modo pelo qual a noção de *obscuridade* revela-se capaz de absorver na categoria prostituição os tipos de perversão sexual identificados pelo médico. A associação entre *clandestinidade* e *perversões sexuais* aparece claramente formulada, por exemplo, na sofisticada classificação da prostituição no Rio de Janeiro elaborada pelo Dr. F. F. de Macedo. Dividindo a prostituição clandestina em duas classes, o referido autor inclui na segunda: a) as práticas antifísicas nas mulheres: doutrinas lesbianas, coito contra a natureza, onanismo; b) a sodomia ou prostituição masculina: pederastas (ativos, passivos, mistos), onanismo.[4]

---

3. Cf. A. J. B. Parent-Duchâtelet, *De la prostitution dans la ville de Paris considerèe sous le repport de l'hygiène publique, de la morale et de l'administration*, 2.ª ed., Paris, Baillière, 1837, 2 vols.
4. Cf. F. F. de Macedo, *Da Prostituição em Geral, e em Particular em Relação à Cidade do Rio de Janeiro: Profilaxia da Sífilis*, Rio, Tip. Acadêmica, 1872, parte II, cap. II, p. 74. O autor faz um estudo analítico dos elementos pertinentes à 2.ª classe da prostituição clandestina, sem, contudo, chegar a elaborar uma codificação das *perversões* identificadas (cf. ibid., pp. 114 a 121).

Trata-se do único exemplo, dentre os textos médicos analisados, em que a prostituição clandestina é classificada. Nos demais estudos, dadas a heterogeneidade e a obscuridade que revestem a noção de prostituição clandestina, esta tende a ser vista como não classificável e, assim, dificilmente controlável. Ao conferir um caráter extremamente abrangente à categoria prostituição, o médico encontra um meio de falar da sexualidade doente, de identificar e nomear as perversões que, no entanto, revelar-se-iam apenas como um primeiro passo na construção do discurso sobre o sexo. A classificação da prostituição organizada pelo Dr. F. F. de Macedo destaca-se, pois, como uma tentativa de ultrapassar as barreiras do mal conhecido, de iluminar a escuridão ainda que através de um débil facho de luz, criando, deste modo, condições mais eficazes para o alargamento da ação médica de repressão e controle da perversão sexual.

As imagens do *cancro,* da *chaga,* da *úlcera,* da *gangrena,* do *vírus,* freqüentemente utilizadas para identificar a prostituição, revelam um dos diagnósticos presentes no discurso: a prostituição é uma enfermidade do corpo, um foco infeccioso que ameaça a saúde e a vida. A dimensão do perigo é ampliada e aprofundada pelo estabelecimento de um vínculo estreito com a idéia de contaminação. Neste sentido, a prostituição ostensiva, espalhada pelas ruas da cidade, é apontada como fator de disseminação da sexualidade pervertida. O espetáculo público da prostituta expondo seu corpo em atitudes provocantes funcionaria como estímulo aos instintos de outros corpos, aprisionando nas malhas da perversão as vítimas saudáveis. Mas, a ameaça maior estaria situada no âmbito da prostituição clandestina. Referindo-se ao "perigo do contágio de mocinhas inocentes" representado por este tipo de prostituição — praticada tanto por "verdadeiras prostitutas" como por "moças consideradas recatadas..., algumas até de famílias" —, o Dr. Caminhoá salienta que

> "Inúmeros são os casos de histeria, de esgotamento nervoso, de ninfomania e outras nevroses, e até de loucura, em meninas e mocinhas, que praticam o *safismo* e outros atos imorais, contra a natureza, com as fâmulas e ainda mais com as falsas amigas, ou prostitutas clandestinas, que conse-

A DEFINIÇÃO DOS SIGNIFICADOS DA DOENÇA 75

guem viver em grande intimidade como as vítimas inocentes, ou nos internatos, asilos de orfãs etc".[5]

Contudo, a ênfase maior do discurso recairia sobre a prostituição enquanto fonte e agente de propagação da sífilis, significado que se traduz metaforicamente, por exemplo, na expressão "monstro sifilítico de mil cabeças".[6] A idéia de contágio elaborada no discurso situa de forma precisa a ameaça da sífilis à saúde pública, principalmente nos grandes centros urbanos que, como vimos, constituem o espaço privilegiado da ação médica.

"É a contagibilidade que tem tornado a sífilis o mais pertinaz e cruel flagelo das grandes cidades, flagelo mais terrível que o da peste; pois se esta, rodeada de todo o aparato da morte, com suas rápidas devastações, difunde pânico terror por entre a humanidade, aquela, folgando entre prazeres, e disfarçada com os atrativos do amor, vaga pelo meio das cidades, entende com o coração do homem, a quem afaga e seduz para lançá-lo depois nos braços da morte ou da miséria".[7]

Diagnosticada como um perigo que se espalha pelas ruas e casas, contaminando os corpos e causando a sua destruição, a sífilis é comparada às epidemias de cólera, tifo, febre amarela, peste etc., representando, contudo, uma ameaça mais terrível, posto que, travestida em prazer, ocultaria o seu verdadeiro conteúdo, ou seja, a morte.

5. J. M. Caminhoá, "Memória Sobre a Profilaxia da Sífilis no Rio de Janeiro", in *Anais da Academia de Medicina do Rio de Janeiro*, Rio, Laemmert, 1890, vol. LV, p. 405.
6. A expressão é utilizada como sinônimo de prostituição pelo Dr. L. D. de Azevedo ("Da Prostituição no Rio de Janeiro", in *Anais Brasilienses de Medicina*, Rio, Tip. J. J. C. Cotrim, 1869, vol. XXI, n.º 6, nov. 1869). A associação entre *prostituição* e *sífilis* aparece em todos os textos analisados, exceto no estudo elaborado pelo Dr. J. F. de Souza, "Memória sobre as Medidas a Adotar Contra a Prostituição no País" (in *Anais Brasilienses de Medicina*, Rio, Tip. Laemmert, 1877, vol. XXVIII, n.º 9, fev. 1877).
7. J. A. de A. Macedo Jr., *Da Prostituição no Rio de Janeiro e da Sua Influência Sobre a Saúde Pública*, Rio, Tip. Americana, 1869, pp. 34-35.

A concepção da prostituição como uma ameaça revestida pela *capa enganadora* da beleza e do amor é muito recorrente no discurso e se expressa, por exemplo, na imagem da prostituta construída pelo médico. Observamos que a palavra prostituta encontra-se quase sempre adjetivada pelas seguintes expressões: "mentirosa", "fingida", "astuta", "falsa" e, muitas vezes, identificada a figuras que traduzem a idéia de ambigüidade como, por exemplo, a harpia (monstro com rosto de mulher e corpo de abutre). Dr. F. F. de Macedo chega mesmo a caracterizar as prostitutas como "harpias disfarçadas em criaturas humanas".[8]

É preciso destacar, ainda, a presença significativa nos textos examinados da associação entre *prostituição* e *teatro,* expressando, como observou M. Rago,

"...a marca profunda do pensamento de Rousseau sobre os médicos e homens cultos do período. O teatro neste imaginário teria o efeito nocivo de reforçar a não-aceitação de si mesmo, o desejo de ser o outro, aprofundando a dissociação do eu e a construção de máscaras que se oferecem ao olhar público".[9]

Como vimos, a sífilis deixa de ser encarada como punição do pecado, impossível de ser tratada, e passa a ser concebida como uma doença que ameaça, entre outras coisas, a integridade física do corpo, fazendo vítimas inocentes: as esposas e os filhos. Ainda que apenas os corpos *inocentes* mereçam ser preservados, a preocupação médica com a sífilis e a sua profilaxia manifesta a presença de um novo traço, ou seja, os obstáculos à necessidade de saber são rompidos em nome da busca da *verdade científica.* Para os partidários da sífilis hereditária que privilegiavam o esperma como agente da contaminação[10] — posição que parece ter sido predominante na comunidade médica do Rio de Janeiro

---

8. F. F. de Macedo, *op. cit.,* p. 77.
9. M. Rago, "Prazer e Perdição: A Representação da Cidade nos Anos Vinte", in Cultura e Linguagens, *Revista Brasileira de História,* São Paulo, ANPUH/Marco Zero, n.º 13, set. 1986/fev. 1987, p. 93.
10. Cf. C. Quétel, *Le mal de Naples. Histoire de la syphilis,* Paris, Seghers, 1986, p. 165.

—, a doença revela-se como uma ameaça quase incontrolável às futuras gerações.

O caráter contagioso e transmissível por herança da sífilis confere ao *perigo* da prostituição um cunho muito abrangente, situando-o como poderoso inimigo que vai definhando a sociedade, elemento responsável pelo deperecimento e perturbações da saúde da população, elemento determinante da degeneração da raça. O risco de contágio da população é agravado diante da perspectiva de contaminação das gerações futuras. Como observou Foucault,

"...a análise de hereditariedade colocava o sexo (as relações sexuais, as doenças venéreas, as alianças matrimoniais, as perversões) em posição de 'responsabilidade biológica' com relação à espécie; não somente o sexo podia ser afetado por suas próprias doenças mas, se não fosse controlado, podia transmitir doenças ou criá-las para as gerações futuras; ele aparecia, assim, na origem de todo um capital patológico da espécie".[11]

Foco de transmissão das moléstias venéreas, a prostituição é, portanto, concebida como fator responsável pela degeneração das raças, produzindo corpos envelhecidos prematuramente, devastados pelo "escrofolismo" (*sic*), pelo raquitismo, pelo linfatismo etc.

Pelo que expusemos até aqui, podemos depreender que o enfoque médico da prostituição expressa uma preocupação com o corpo em si, ou seja, o corpo considerado em seu aspecto puramente físico. Movido pela obstinação em demarcar as fronteiras entre o *sadio* e o *doente*, o médico lança-se à tarefa de examinar o corpo feminino, concebido, *a priori*, como lugar da ambigüidade. O organismo da mulher é definido como fisiologicamente mais propenso à perversão sexual do que o masculino, pois, ao dotá-lo de um forte instinto de procriação, a própria natureza havia gerado o caráter ambíguo da sexualidade feminina. Neste sentido, o Dr. João F. de Souza chega mesmo a afirmar que a

11. M. Foucault, *História da Sexualidade: A Vontade de Saber*, 3.ª ed., Rio, Graal, 1977, pp. 111-112.

mulher "predispõe-se à prostituição", entre outras causas "pela sua beleza" e "pelo caráter de passividade de sua função reprodutora".[12] De acordo com tal perspectiva, a mulher, pelas suas próprias características fisiológicas, disporia apenas de duas únicas alternativas para a realização de seus instintos sexuais: como *esposa/mãe* (sexualidade *sadia*) ou *prostituta* (sexualidade *doente*).

Para o corpo da prostituta, *foco de perversão,* converge o olhar aguçado do médico, que passa a devassá-lo através de um exame minucioso. Os hábitos cotidianos da prostituta — tais como atividade sexual, alimentação, sono, asseio, considerados aspectos básicos para a elaboração do diagnóstico — são observados nos mínimos detalhes, destacando-se como seu traço distintivo o *desregramento*. A atividade sexual excessiva e praticada sem a finalidade da reprodução, a alimentação irregular e de má qualidade, o sono insuficiente, a ausência ou precariedade de asseio são apontados como elementos característicos da vida desordenada que produz a debilidade do organismo. Mas o diagnóstico médico iria além: ao classificar os caracteres fisiológicos da *mulher prostituída,* imprimia sobre o seu corpo a marca da esterilidade.

"A esterilidade destas mulheres é uma *crença popular*; creio que essa crença é *exageração dos fatos,* entretanto são elas *menos fecundas* do que o seriam seguramente, se não levassem a *vida desregrada* que soem passar, contudo não são raras, como se pensa, as mulheres públicas, que recebem em seu ventre o fruto da concepção, o que sucede porém é que ela *não chega a seu termo de desenvolvimento,* ou por ser *abortado* em conseqüência de *tentativas criminosas,* ou dos *excessos inerentes à vida de voluptuosidade,* que professam semelhantes mulheres".[13]

A reputação da prostituta como uma mulher estéril produzida pela "crença popular" é, segundo a avaliação do médico, "exagerada" e, portanto, *não verdadeira*. Contudo, trilhando os cami-

12. J. F. de Souza, *op. cit.*, p. 350.
13. J. A. de A. Macedo Jr., *op. cit.*, p. 20, grifos nossos.

nhos do *saber*, o médico acaba por concluir que as prostitutas são "menos fecundas" e que "o fruto da concepção que recebem em seu ventre não chega a seu termo de desenvolvimento". Não se trata, pois, de negar a esterilidade da prostituta, mas sim de buscar os *fundamentos científicos* que confiram a esta qualificação um caráter de *verdade*. Sem nos determos, por ora, no seu conteúdo moral, gostaríamos de ressaltar que, segundo a concepção médica, a perversão sexual — identificada à "vida desregrada" ou aos "excessos inerentes à vida de voluptuosidade" — cria na mulher a incapacidade física para conceber e/ou gerar um filho. O corpo, corrompido pelos excessos sexuais, passa a manifestar alterações das funções orgânicas: excessiva ou rarefeita, a menstruação da prostituta é diagnosticada como anormal, determinando um estado de quase esterilidade e a propensão ao aborto natural. Neste sentido, a anormalidade do ciclo menstrual é apontada como um traço característico do organismo da prostituta.

Além de fixar as características fisiológicas da *mulher prostituída*, o médico lança-se, ainda, à tarefa de relacionar as enfermidades que mais freqüentemente acometiam o seu organismo debilitado. No topo da lista estão as moléstias venéreas (especialmente a sífilis), seguidas das nevroses, infecções do útero, moléstias do aparelho respiratório, desarranjos gastro-intestinais, flegmasias superficiais e profundas, febres, moléstias da pele. Portador de "moléstias asquerosas", precocemente "envelhecido" e "corroído pela doença", o corpo da prostituta é o próprio símbolo, no discurso, da corrupção e da degradação físicas. O destino da prostituta é traçado pelo médico: a agonia do corpo vagarosamente consumido pela morte... O tom da sentença é sombrio e assustador...

> "Seus fins são variados na forma, mas nunca na essência: como cantoneiras, findam ao corte de diferentes enfermidades, raramente a venenos que a si próprias propinam, outras vezes a moléstias que por suas mãos desenvolvem...
> e comumente também às devastações do vírus sifilítico; como alcaiotas, acabam em número pequeno a moléstias agudas, algumas à negra e cruel necessidade, e grande parte ao flagelo contínuo e lento das moléstias crônicas do cora-

ção, deformadas pela elefantíase..., a reumatismos, a cancros, a úlceras, a sífilis terciária, a disenterias etc.".[14]

Através de cores turvas, capazes de expressar a imagem da degeneração física, o médico pinta o retrato corporal da prostituta, construindo a idéia da prostituição como uma doença do corpo que o corrói... E que ameaça outros corpos, pois sobre o corpo da prostituta também pesaria o estigma de foco de contaminação.

Identificada, no discurso, por expressões tais como "mensageira do vício" e "vendedora de sífilis", a prostituta é o "fruto belo" portador de "deletérios mortais".[15] A noção de *perigo disfarçado* que caracteriza a prostituição, tal como esta é concebida no discurso, revela-se também como um dos aspectos enfatizados na dissecação do corpo da prostituta. Caberia, portanto, ao médico descobrir, por trás de uma aparência saudável e bonita, a doença e os defeitos físicos.

> "...se virdes estas mulheres, depois de paramentadas, julgá-las-eis frescas qual uma rosa, asseadas sem rival, puras como um anjo, porque a ilusão é perfeita, o disfarce é completo. Os cosméticos são os incumbidos de suportar a sua fealdade e gemer sob o peso da sua sordidez: o polido e a frescura da pele é do dever dos pós impalpáveis fazê-lo; a rósea cor das faces, dos lábios e das gengivas está ao encargo do mínio e do carmim; as equimoses subpalpebrais, o negrume dos cílios... devem o seu *encanto* às pomadas e à *rolha carbonizada*; o aroma agradável que de seus cabelos e corpo sentirdes é filho querido, não do asseio habitual, mas por momentos, da substância contida em vidros de diferentes extratos. (...) o breve pé, a cintura delgada, as bastas madeixas, o entumecido colo e a estreita mão, nada à natureza devem, mas sim, vão buscar o *mimo*

---

14. F. F. de Macedo, *op. cit.*, p. 108. O autor elabora um mapa de classificação e faz uma descrição minuciosa das moléstias mais freqüentes nas prostitutas (cf. ibid., pp. 156-162 e 170).
15. A adjetivação é dada pelo Dr. José de G. e Siqueira Filho (cf. *A Prostituição na Cidade do Rio de Janeiro. Necessidade de Medidas e Regulamentos contra a Propagação da Sífilis*, Rio, Tip. da Reforma, 1875, p. 20).

ao sapato estreito, ao colete de espartilho, aos *acrescentes*, aos *chumaços* e à luva justa".[16]

A descrição minuciosa desce aos menores detalhes. Nada escapa ao olhar atento do médico, que assumia, assim, mais uma de suas tarefas: desnudar o corpo da prostituta e, removendo a *máscara* que o tornava bonito e desejável, classificá-lo como perigoso, rotulá-lo de fonte de infecção... Mas, além disso, o trecho acima revela a construção de uma imagem da prostituta que se contrapõe a da "mulher virtuosa", cuja elegância do corpo era definida pela ausência de maquiagem e pelo uso de perfumes discretos.[17]

A depravação sexual:
a dimensão moral do corpo doente

A livre manifestação do instinto sexual, definida, como vimos, pelas noções de *excesso* e/ou *ausência de finalidade reprodutora*, não seria concebida apenas como *perversão*. O significado da sexualidade doente expressa-se também através da idéia de *depravação*, construída num campo demarcado por limites onde se entrelaçam e se confundem as noções de *irracionalidade* e de *imoralidade*. A prostituição, o homossexualismo, o alcoolismo, a histeria etc. são classificados como comportamentos desviantes e inscritos no âmbito da loucura. Concebida como expressão do instinto não controlado, a loucura é vista como um estado primitivo ou selvagem, caracterizado pela fragilidade da formação espiritual e intelectual do indivíduo.

Identificada como "carreira da devassidão", a prostituição é, ao mesmo tempo, "desarranjo das faculdades mentais", "fraqueza do espírito", "ignorância". O predomínio do instinto sobre

---

16. F. F. de Macedo, *op. cit.*, p. 149. Segundo Martha A. Esteves, o uso de fantasia era considerado, na época, um hábito "vulgar" e "típico de prostitutas" (cf. M. de A. Esteves, *Meninas Perdidas: Os Populares e o Cotidiano do Amor no Rio de Janeiro da "Belle Époque"*, Niterói, Dissertação de Mestrado, UFF, mimeo., p. 145, n.º 37).
17. Cf. A. Corbin, *Saberes e Odores*, São Paulo, Companhia das Letras, 1987, p. 238.

a razão é qualificado através de imagens simultaneamente reveladoras do *delírio* (loucura) e da *degradação moral* (pecado). Mas se não há uma delimitação precisa entre o pecado e a loucura, é importante notar que tais noções se encontram diluídas num mesmo universo semântico, definido pela idéia de doença. A noção de pecado não é destruída pelo médico. Na classificação dos espaços da *normalidade* e da *anomalia*, o pecado é incorporado como substância básica para a construção do sentido moral do corpo doente.

De acordo com o diagnóstico médico, a mulher seria mais "propensa" do que o homem a "viver só dos sentidos" e, por isso, "perderia a razão" e "pecaria" mais facilmente e de modo mais grave:

"O homem, debaixo dos eflúvios pestilentos da legítima prostituição, conduzido ao latíbulo de pecados pela mão inexorável da libertinagem..., saturado dos vícios eróticos, ferido pela seta eivada do desavergonhamento... tem quase perdido os foros de ser pensante:
...Esse homem... é movido só pelos sentidos, por eles vive; sua alma nada é mais do que o instinto de um bruto, a corda de um autômato, nunca motora de um ser pensante! A mulher, de sensibilidade mais pronunciada e esquisita, de uma imaginação muito mais ardente do que a do homem; a mulher que está apta para viver, quando virgem, donzela, ou esposa honrada, somente pelos sentidos; imagine-se, quando entregue as mesmas causas que degradem este, do que será capaz! Com certeza é capaz do que o homem é, e provavelmente é pior".[18]

Mais uma vez, constatamos a presença do pensamento de Rousseau para quem a mulher, "associada totalmente ao instinto, à ausência de racionalidade, à incapacidade de controle sobre as paixões avassaladoras", é extremamente perigosa, devendo, portanto, receber "uma educação altamente autoritária que a confine ao lar como uma freira ao convento".[19]

18. F. F. de Macedo, *op. cit.*, p. 164.
19. M. Rago, *op. cit.*, p. 95

A DEFINIÇÃO DOS SIGNIFICADOS DA DOENÇA 83

A ambigüidade detectada no corpo feminino — portador de instintos sexuais mais aguçados em função da necessidade de reprodução — possui também um significado moral:

"A mulher está no fundo de todos os acontecimentos humanos. Este ser maravilhosamente esquisito e perfeito é um destes contrastes nascidos cega e fatalmente da soberana evolução da humanidade, que o fez mãe e prostituta. (...) e o único meio que (a mulher) tem de sustentar o critério funcional da reprodução é moral: o sentimento de pudor".[20]

A concepção de prostituta é, deste modo, construída fundamentalmente através da oposição ao papel de esposa/mãe. O instinto sexual não controlado geraria a perversão e/ou a depravação, comprometendo não só a capacidade orgânica mas também a capacidade moral da mulher para conceber e gerar filhos.

Assim, destacada pelo médico como marca característica do corpo da *mulher prostituída*, a esterilidade é definida também através de critérios morais. A realização do desejo em si como finalidade predominante e/ou exclusiva da atividade sexual revelaria, na prostituta, um comportamento desviante que se manifestaria na "busca do gozo perene do corpo"[21] e na opção pela esterilidade. O aborto provocado, qualificado pelo médico de criminoso, é apontado como um dos aspectos denotadores da incapacidade moral da prostituta para exercer o papel de reprodutora.[22] Moralmente doente, a prostituta seria conduzida a escolher a esterilidade, negando-se a exercer o papel de mãe, concebido pelo médico como única função capaz de conferir um sentido à vida da mulher. Ao encarar o filho — mesmo quando este chegava a nascer — como um "estorvo", a prostituta mostrar-se-ia inapta para cumprir a "tarefa sublime", à qual estaria destinada a *mulher saudável*.

---

20. J. F. de Souza, *op. cit.*, pp. 317 e 350.
21. A expressão é utilizada pelo Dr. L. C. de Azevedo (*op. cit.*, p. 222).
22. Sobre a prática do aborto criminoso pelas prostitutas, veja-se H. A. L. Cunha, *Dissertação Sobre a Prostituição em Particular na Cidade do Rio de Janeiro*, Rio, Tip. Imparcial de F. de P. Brito, 1845, J. A. de A. Macedo Jr., *op. cit.*; F. F. de Macedo, *op. cit.*

A incapacidade física e/ou moral para a reprodução revela-se como o critério básico na classificação médica dos tipos representativos da sexualidade *pervertida* e/ou *depravada*. As relações sexuais situadas no âmbito da anormalidade tendem a ser representadas através de imagens que as situam como condutoras do vírus que produz a sífilis e a morte, em vez do sêmen que gera o filho e a vida. Na tentativa de descrever o processo de contaminação sifilítica pelo "vírus" ou "líquido contagioso", o Dr. Pereira das Neves, por exemplo constrói uma imagem na qual a palavra *vírus* é identificada a *grão* e a *semente*, conduzindo a uma associação entre a trajetória do sêmen na concepção e a do vírus na infecção sifilítica. O uso de preservativos torna-se, assim, válido e até mesmo necessário, já que, no âmbito da *sexualidade anormal* — definido como foco privilegiado de contaminação das moléstias venéreas —, tal uso não impediria que o sêmen gerasse uma nova vida, mas sim que o vírus produzisse a sífilis e a morte. Entre os preservativos sugeridos destacam-se os "saquinhos membranos", o "sabão preservativo", a "unção com um corpo graxo", as "simples lavagens aquosas", os "pós ou licores usados antes ou depois do coito", sendo que para o Dr. Pereira das Neves "o melhor meio é aquele que se tem mais à mão para se empregar sem demora".[23]

A prostituta, o libertino, o celibatário e o homossexual, expressões do comportamento desviante, são contrapostos às imagens do *homem-pai* e da *mãe higiênica*, criadas a partir dos padrões da normalidade inventada. O interesse médico pelo corpo feminino, visto como palco da concepção e da gestação, expressa o objetivo de controlá-lo através de uma política de higienização que abrangia tanto os aspectos físicos quanto os morais.

> "A teoria da inter-relação entre o físico e o moral permitia essa oscilação do olhar médico do corpo ao sentimento. Toda lesão física repercutia sobre a emoção e vice-versa. A noção de 'paixão' estabelecia o vínculo material e teórico entre os dois fenômenos e legitimava a extensão da ação médica ao comportamento e às emoções. As manifestações

---

23. A. J. P. das Neves, "Memória", in *Anais Brasilienses de Medicina*, Rio, Tip. de F. de P. Brito, vol. IX, n.º 9, jun. 1854, pp. 20 e 26-27. Veja-se também, F. F. de Macedo, *op. cit.*, p. 184.

emocionais costumavam provocar desequilíbrio orgânico, ameaçando a saúde".[24]

Identificado à *paixão* e oposto ao *amor*, o corpo da prostituta é classificado como lugar da perversão, da depravação e, portanto, da esterilidade. Neste sentido, a prostituta é considerada um obstáculo físico e moral à viabilização do projeto de higienização do corpo. "Mulher perdida", "mulher dissoluta", "mulher decaída", a prostituta é a "mensageira do vício", inimiga que, como veremos, para os defensores da regulamentação sanitária da prostituição, não teria de ser destruída, mas sim transformada em aliada, através da ação normatizadora do médico.

A construção das noções de sexualidade doente e de sexualidade sadia, no que se refere ao seu conteúdo moral, se expressa também através da oposição entre prostituição e casamento. A própria abrangência da concepção médica da prostituição apresenta-se como um traço revelador do significado moral da doença. Após breves considerações acerca da etimologia da palavra prostituição e de tecer alguns comentários críticos às definições dadas ao termo por outros autores, o Dr. F. F. de Macedo assume o seguinte ponto de vista:

"A prostituição é o uso da cópula natural por depravação de costumes, o da cópula antifísica e o do seu arremedo por quaisquer práticas imorais".[25]

Como podemos observar, o significado da palavra é bastante amplo, compreendendo o conjunto das relações sexuais consideradas, de acordo com a perspectiva médica, como antinaturais e/ou moralmente condenáveis. As condutas sexuais qualificadas como imorais podem ser reconhecidas no discurso, através das associações e identidades entre prostituição e adultério, infidelidade, concubinato, mancebia, união criminosa, poligamia. A prostituta é vista não apenas como a mulher que "publicamente

---

24. J. F. Costa, *Ordem Médica e Norma Familiar*, Rio, Graal, 1979, p. 142.
25. F. F. de Macedo, *op. cit.*, p. 4. O autor cita as definições de prostituição formuladas por Richelet, Parent-Duchâtelet, Pereira de Azevedo e no *Dicionário da Academia Francesa*.

mercantiliza com os prazeres sexuais" mas também como aquela que "transviada das regras da honestidade entretém relações ilícitas com mais de um indivíduo"[26] ou, ainda, como aquela que "usa e abusa dos prazeres sexuais sem a intenção de procriar".[27] A. Corbin nos fala de uma crença que se dissemina no século XVIII, segundo a qual,

> "Uma prática excessiva do coito provoca um verdadeiro derrame espermático nos humores da mulher, apodrece os líquores e engendra um fedor insuportável. É por isso que as prostitutas são chamadas putas. Juvenal já o pretendia; no início do século XVIII, J. B. Silva esforça-se para justificar cientificamente essa convicção que, por si só, leva a considerar as prostitutas como mulheres perigosas".[28]

Nos textos examinados destacam-se as seguintes associações e identidades da palavra prostituição: imundície, charco, lodo, esgoto, sombra, escuridão, trevas, naufrágio, queda, decadência, abismo. As tonalidades utilizadas pelo médico para tingir o quadro da prostituição — a sujeira, a obscuridade e o declínio — apresentam-se, pois, carregadas de um sentido moral. Lugar da obscenidade e da devassidão, a prostituição é a "crápula", a "serpe da imoralidade" ou o "suicídio moral".

Presente nas literaturas latina e helênica, o modelo do comportamento sexual decente — "monogamia, fidelidade e procriação como a principal, ou talvez a única justificativa dos atos sexuais" — não deve ser atribuído, como observou Foucault, ao Cristianismo ou à moderna sociedade cristã.

> "...o Cristianismo não inventou esse código de comportamento sexual. O Cristianismo o aceitou, o reforçou e lhe deu um espaço maior e uma força mais ampla do que ele tinha antes. Mas a tão falada moralidade cristã é nada mais que um pedaço da ética pagã inserida no Cristianismo. Diríamos, então, que o Cristianismo não mudou o estado de coisas? No início, os cristãos introduziram importantes

---

26. J. A. de A. Macedo Jr., *op. cit.*, p. 8.
27. J. F. de Souza, *op. cit.*, p. 350.
28. A. Corbin, *op. cit.*, p. 65.

mudanças, se não no código sexual em si, ao menos nas relações que cada um tem com sua própria atividade sexual. O Cristianismo propôs um novo tipo de experiência do indivíduo como um ser sexual".[29]

Embora revestida por aspectos desta moralidade cristã — a associação entre prostituição e pecado, por exemplo —, a moral ética presente no discurso médico do século XIX revelaria um novo sentido, assegurado pela noção médica da higiene.

"A higiene retomou a problemática sexual religiosa em outro estilo e com novos fins. Continuou a reprimir o prazer gratuito e irresponsável. Passou, porém, a exaltar a sexualidade conjugal, assinalando-lhe um papel nevrálgico na coesão do casal e na concretização do casamento modelo".[30]

O prazer, condenado e excomungado no discurso cristão, é absolvido e resgatado no discurso médico, mas somente aprisionado pelas normas da regulação médica adquiriria *legitimidade*. A realização do prazer através do excesso e da ausência da finalidade reprodutora é condenada pelo médico, não só como doença física, mas também como doença moral. A idéia de moralidade define-se, pois, pelas noções do homem-pai e da mulher-esposa-mãe, integrantes fundamentais da instituição higiênica do casamento.

Espaço da sexualidade moralmente sadia, a família, mesmo mantendo os traços de instituição sagrada, é concebida pelo médico, sobretudo, como instituição higiênica. Vinculada às noções de adultério, de união criminosa e de degradação dos costumes, a prostituição é o espaço da sexualidade moralmente doente e, deste modo, transformada pelo médico em "dragão", "víbora", "harpia", "hidra", enfim, no monstro que difunde o pavor ao se revelar um grande perigo para a instituição da família.

29. M. Foucault e R. Sennett, *op. cit.*, p. 5. Veja-se, ainda, M. Foucault, *História da Sexualidade: O Uso dos Prazeres*, Rio, Graal, 1984, vol. II; e *História da Sexualidade: O Cuidado de Si*, Rio, Graal, 1985, vol. III.
30. J. F. Costa, *op. cit.*, p. 227.

Como a doença física, a doença moral também manifesta um caráter contagioso, o que amplia o seu grau de periculosidade. Disseminada pelas ruas da cidade, exibindo a obscenidade e a depravação, a prostituição pública é concebida, em si, como atentado à moralidade pública. O *perigo* representado para as *famílias honestas* é associado, explicitamente, ao caráter *mais público* ou *mais aparente* das "cenas abjetas" da prostituição. Mas, o médico não se contentaria apenas com a fixação do caráter geral da ameaça. Era preciso esmiuçá-la, conhecê-la melhor, classificá-la...

O Dr. Macedo Júnior divide as prostitutas públicas da cidade do Rio de Janeiro em quatro classes, sendo as três primeiras de acordo com o "luxo em que vivem" e, a última, segundo "o modo especial por que vivem, isto é, em colégios ou bordéis".[31] As mulheres públicas de primeira classe, ainda que pela "arte de seduzir" representassem uma ameaça à moral da "mocidade inexperiente e incauta", são "recatadas" e "comedidas" no seu modo de vida, pois

> "...não consentem que em suas casas se representem cenas de libertinagem e devassidão; ...não incomodam os vizinhos com palavras e gestos indecentes; nas janelas de suas casas e nas ruas afetam um ar de gravidade, que dificilmente deixa transparecer a fealdade de sua conduta".

Já as mulheres públicas de segunda classe são *mais perigosas*, pois

> "...têm de tal modo invadido esta parte da cidade, que as famílias honestas não só não se sujeitam morar em suas imediações, como evitam transitarem por aí, a fim de não presenciarem cenas asquerosas e repugnantes, ou ouvirem o calendário de palavras obscenas de que constantemente usam".

---

31. J. A. de A. Macedo Jr., *op. cit.*, pp. 13-17. O autor se baseia na classificação do Dr. H. A. L. Cunha, que divide as mulheres públicas em três ordens, apresentando uma variação que oscila das "mais discretas" às "completamente indecentes" (cf. *op. cit.*, pp. 16 e ss.).

As mulheres públicas de terceira classe constituem para o autor

"...o conjunto de tudo que há de mais torpe, imundo e asqueroso... são descomedidas em seus gestos, ademanes e palavras; ofendem constantemente a moralidade pública; são insolentes; quando se julgam insultadas, arremessam impropérios e doestos, dos quais o menos torpe é uma blasfêmia; não respeitam lugares, nem pessoas...".[32]

Adotando um critério em si mesmo de natureza moral, o Dr. Francisco de Macedo classifica, de acordo com o grau de *facilidade de acesso*, as prostitutas públicas do Rio de Janeiro em três classes: 1.º) das difíceis; 2.º) das fáceis; e 3.º) das facílimas.[33] E, mais uma vez, constatamos que as prostitutas de primeira classe revelam-se menos perigosas que as de segunda e de terceira classes, respectivamente. Para o médico, o contato do conjunto da população urbana com os hábitos "devassos", o comportamento "obsceno", o modo de vestir e de falar "depravados" da prostituta pública é uma fonte importante de contaminação da doença moral, muitas vezes causadora da desagregação da família.

A categoria de prostituição clandestina afigura-se perfeitamente ajustada à necessidade de incorporar no campo semântico das palavras prostituição e prostituta os desvios sexuais detectados e classificados pelo médico através de critérios morais. *Obscuro* e *traiçoeiro*, este tipo de prostituição constitui-se num dos maiores inimigos que o médico teria que enfrentar para construir a família higienizada e assegurar a sua preservação. Na classificação da prostituição clandestina o Dr. F. F. de Macedo não deixa margem para dúvidas ao inserir na primeira classe as mulheres: a) amancebadas; b) em boas condições: viúvas, casadas, divorciadas, solteiras; c) em baixas condições: livres, libertas, escravas, etc.[34] A prostituição clandestina é vista, pois, como espaço privilegiado do *adultério*, das *uniões ilícitas*

---

32. J. A. de A. Macedo Jr., *op. cit.*, respectivamente, pp. 14-15, 15-16 e 16-17. Quanto à quarta classe, o autor afirma que "por maiores que fossem os nossos esforços nada conseguimos saber a respeito..." (p. 18).
33. Cf. F. F. de Macedo, *op. cit.*, p. 74.
34. Cf. ibid, p. 74.

e, portanto, como o *perigo* que "...com o exemplo seduz as filhas-famílias, as esposas virtuosas, as irmãs esquecidas...".[35]

Oculta sob diversos *disfarces* como, por exemplo, o próprio casamento ou o concubinato, o raio de ação da prostituta clandestina é, segundo o médico, profundamente amplo, o que a caracteriza como a "mais perigosa pelo seu lado moral".[36] Escondida sob a *capa* da inocência e do recato, utilizando a sedução como instrumento eficaz, a prostituta clandestina é capaz de penetrar no próprio âmago da família, ameaçando a sua integridade. *Desencaminhando* a esposa, a mãe, a filha e a irmã, é capaz de transformá-las em adúlteras, concubinas, amásias, amancebadas, enfim, em prostitutas.

> "Se a prostituição clandestina fosse unicamente a perfeita explicadora dos elementos preliminares da prostituição pública..., então pouco teria a sociedade a lamentar dos seus destroços; porém, muito mais longe estende os seus poderes maléficos: alguns suicídios, muitos assassinatos, divórcios, maldições com desprezo e opróbrio das famílias, entes sifilíticos, expostos, etc. aí buscam sua origem".[37]

De acordo com a perspectiva médica, o aliciamento das vítimas da doença moral faz-se predominantemente através da sedução. Arma possivelmente mais eficiente do que os métodos violentos — como, por exemplo, o estupro —, a sedução é apontada no discurso como a arte desenvolvida pelo libertino e pela prostituta na disseminação da sexualidade *depravada* e *pecaminosa*. Deste modo, à medida que se enfatiza a *sutileza* e o *disfarce* como características predominantes da *ameaça*, esta se torna mais *perigosa*, conferindo-se ao médico o papel de delator.

Espaço privilegiado da sexualidade moralmente doente, a prostituição clandestina é freqüentemente associada à escravidão, embora, como vimos, a clandestinidade não se restringisse, nos textos examinados, exclusivamente à prostituição das escravas de ganho. Nos primeiros textos médicos sobre a prostituição, o africano — portador de uma "natureza erótica, libidinosa, despudo-

---

35. J. F. de Souza, *op. cit.*, p. 318.
36. J. M. Caminhoá, *op. cit.*, p. 405.
37. F. F. de Macedo, *op. cit.*, p. 109.

A DEFINIÇÃO DOS SIGNIFICADOS DA DOENÇA

rada e estúpida" — é apontado como fonte de propagação da doença moral. Mesmo reconhecendo-se a escravidão como agravante desta *tendência natural*, o poder conferido ao senhor pela instituição da escravidão é visto como um meio de contenção e controle da *depravação*.[38] Porém, em princípios da década de 1870, o Dr. F. F. de Macedo afirmaria em sua tese que

> "...a escravatura é certamente um dos mais poderosos auxiliares da prostituição clandestina. Engana-se no entanto aquele que julgar a devassidão inerente à própria natureza do escravo: nos senhores que *almoedam* suas escravas aos corruptos, nos senhores que são *azevieiros*, nas *leis civis* e nas *condições* de jugo e submissão em que está a triste escrava, é que estão as fontes de todos os males.
> (...)
> ...os escravos são constituídos servos duplamente: um dos desejos de seus senhores, outro do império de sua própria concupiscência".[39]

No poder absoluto e arbitrário exercido pelo senhor sobre o escravo residiriam as bases originais da sexualidade *depravada* e, assim, a escrava (e não mais a negra) é concebida como uma prostituta em potencial. Sem deixar de revelar um traço racista, a crítica à exploração do escravo assume o primeiro plano na perspectiva adotada pelo autor, num momento em que o processo abolicionista começava a se desencadear na sociedade brasileira. Neste sentido, vale assinalar que, desde fins dos anos 1860, as denúncias contra a prostituição das escravas na cidade do Rio de Janeiro vinham crescendo de modo significativo. Algumas autoridades policiais e judiciárias chegariam mesmo a tentar libertar as escravas prostituídas por seus senhores, sem que, contudo, as medidas adotadas alcançassem grande sucesso.[40]

De qualquer modo, a escravidão é apontada no discurso como uma das principais causas da prostituição na cidade do Rio de Janeiro. Inserido na intimidade do lar e aí atuando como *mau exemplo* e *objeto da libertinagem*, o(a) escravo(a) domésti-

---

38. Cf., por exemplo, H. A. L. Cunha, *op. cit.*, p. 15.
39. F. F. de Macedo, *op cit.*, pp. 111-112.
40. L. C. Soares, *op. cit.*, pp. 159-161.

co(a) é visto(a) como principal responsável pela desagregação das relações familiares.

"Quantos homens há por aí que deixam o leito nupcial de uma esposa terna e carinhosa para irem enlodar-se nas imundas senzalas, onde dorme a escrava? Quem ignora que esta é uma das causas mais comuns do adultério?"[41]

Como observaram os autores de *Danação da Norma*, a escravidão doméstica constituiu-se em objeto de interesse médico, à medida que representava "... um dos obstáculos à construção da família nuclear, medicalizada, impedindo o progresso da sociedade".[42] Às escravas de ganho que exerciam a prostituição também é atribuído um alto grau de *periculosidade*, pois, ao circularem pelas ruas da cidade, agiam como agentes de disseminação da *devassidão*. Estreitamente vinculada à noção de prostituição clandestina, a escravidão é qualificada de "cancro moral", "vírus" que *contamina* a casa e a rua da cidade, difundindo a sexualidade *doente*.

Mas, o motivo de inquietação não se restringia apenas à questão da escravidão africana. Alguns médicos apontavam a "desigualdade de direitos entre ambos os sexos", resultante de uma situação em que "a mulher pouco mais é do que uma escrava", como uma das causas da prostituição no Brasil.[43] A submissão ao poder masculino, assegurada em termos políticos e culturais, poderia conduzir não só a escrava mas qualquer mulher a assumir atitudes consideradas imorais, afastando-se do padrão idealizado da *mulher saudável*.

Enfim, é preciso observar que quanto mais extensa e profunda a ameaça moral, maior o perigo de contaminação sifilítica: a sífilis não significava apenas a doença física, mas possuía também um sentido moral.

"Temos de dizer a verdade, ainda que alguma cousa nos moleste os brios nacionais; mas devemos dizê-lo crua e

---

41. J. A. de A. Macedo Jr., *op. cit.*, p. 21.
42. R. Machado e outros, *Danação da Norma*, Rio, Graal, 1978, p. 360.
43. J. P. Rego, "Algumas Considerações Sobre a Prostituição", in *Revista Médica Brasileira*, Rio, Ano I, n.° 1, 1841, p. 11.

nuamente, como cumpre à ciência, porque a medicina que toma o homem ao sair do útero sem vestiduras oficiais, e que o acompanha mesmo até à mesa das dissecações, não teme nem hesita em devassar nos costumes íntimos para estudar como se sai da família até ao bordel, e como daí se passa ao leito nupcial, levando para a santa e honesta união o gérmen que intoxica a existência da esposa e que marca os filhos com o ferrete de um mal insidioso e caprichoso..."[44]

O Dr. L. C. Azevedo refere-se à sífilis que, portadora da "degradação moral", penetra a intimidade familiar, atingindo "vítimas inocentes", a esposa-mãe e os filhos. Se devassar o bordel e a intimidade da família implica a necessidade de proteger a instituição do matrimônio, perscrutar os espaços da sexualidade expressa o compromisso da medicina com a *verdade científica* e o dever do médico de preservar a saúde não só física, mas também moral, do corpo. E assegurar a saúde moral do corpo significa construir uma *família conjugal ordenada*,[45] reconhecida como espaço de uma sexualidade saudável. Na passagem citada, o médico, mesmo revelando uma preocupação com a "santa e honesta união", concebe o "leito nupcial" — espaço da sexualidade conjugal — como algo a ser preservado. Acreditamos, pois, que mesmo marcado por um moralismo tradicional, de fundo cristão, o discurso médico, longe de negar, legitima o prazer sexual (da mulher e do homem) desde que circunscrito ao lar.

Contudo, ainda que em termos ideais o médico pensasse em estabelecer os mesmos limites de uma sexualidade *sadia* para ambos os sexos, a *normalidade* dos instintos sexuais masculinos acabaria sendo efetivamente avaliada a partir de critérios mais flexíveis. Lembre-se que, de acordo com a perspectiva adotada pelo médico, a mulher seria mais *predisposta* do que o homem — tanto em termos físicos, como em termos morais — a mani-

---

44. L. C. de Azevedo, *op. cit.*, p. 216.
45. Referimo-nos aqui ao sentimento de família, ao convívio entre pais e filhos, entre marido e mulher que, segundo P. Ariès, teriam caracterizado a formação e a consolidação da família moderna e burguesa (cf. *História Social da Criança e da Família*, 2.° ed., Rio, Zahar, 1981, pp. 225 e ss.).

festar uma sexualidade *doente*. É preciso considerar, por exemplo, que a distância entre o *libertino* — concebido como homem sexualmente doente — e o *homem-pai* — imagem ideal do homem sexualmente sadio — seria muito maior do que aquela que separaria a *prostituta* da *esposa-mãe*.

O comércio do prazer: a dimensão social do corpo doente

O ato de vender o corpo apresenta-se como um outro aspecto que distingue a prostituta nos textos examinados. Apesar de designada, muitas vezes, como ocupação, ofício e comércio, a prostituição é vinculada à *ociosidade* e contraposta a *trabalho*. Assim, considerada uma atividade remunerada ilegítima, é inserida na categoria de desordem social que, compreendendo desde a noção de delito até a noção de crime, classifica a prostituta entre os tipos considerados socialmente doentes, tais como o mendigo, o vagabundo, o vadio, o capoeiro, o jogador, o bêbado, o ratoneiro, o estelionatário, o ladrão, o malfeitor e o criminoso.

A oposição entre as categorias de prostituição e de trabalho revela-se, por exemplo, num dos significados que caracterizariam, no discurso, a noção de clandestinidade. As prostitutas clandestinas são definidas como aquelas que exercem *ocultamente* a prostituição sob a *capa* de atividades tais como costureira, florista, parteira, lavadeira, enfermeira, pintora etc. Vista como máscara acobertadora do vício, a profissão reconhecida como trabalho se opõe à prostituição, que adquire um novo significado expresso na associação à idéia do não-trabalho. Distinguindo o gênero das *prostitutas trabalhadoras* do gênero das *ociosas,* ambos inseridos na classe das *prostitutas difíceis*, o Dr. F. F. de Macedo, ao contrário dos demais autores, inclui as floristas, modistas, costureiras, vendedoras de charutos, figurantes de teatro, na categoria da prostituição pública mesmo reconhecendo que "...um grande número das mulheres que exercem estas profissões pertence à clandestinidade e muitas à honestidade mesmo".[46]

---

46. Cf. F. F. de Macedo, *op. cit.*, p. 74.

A DEFINIÇÃO DOS SIGNIFICADOS DA DOENÇA 95

As noções de trabalho e de honestidade são exclusivamente qualificadoras da profissão ou ofício utilizado como *disfarce* e, deste modo, sobre a atividade da prostituição continua imprimida a marca da qualificação negativa *ociosidade/desonestidade*. Além disso, verifica-se uma associação entre prostituição e certos tipos de ocupação que constituíam, comumente, o meio de sobrevivência para as mulheres pobres da cidade. Ao mesmo tempo que condenam a prostituição porque ela se opõe ao trabalho, retirando as mulheres das tarefas produtivas, os médicos acabam por conferir uma qualificação negativa e preconceituosa ao trabalho feminino. Concebendo a costureira, a enfermeira, a florista etc. como prostitutas *enrustidas*, expressam, de modo contraditório, duas idéias burguesas: a mulher *trabalhadora* e a mulher *esposa-mãe*.

Reconhecida como um dos aspectos determinantes da prostituição nos países europeus, a miséria, resultante do desequilíbrio entre oferta e procura de mão-de-obra, é negada ou secundarizada como elemento responsável pela disseminação da prostituição na sociedade brasileira.

> "No Brasil, onde a população está muito abaixo das suas necessidades, onde faltam braços para os trabalhos, onde não há grandes exércitos nem fábricas, não acreditamos... que haja essa miséria que ulcera profundamente os povos da Europa. O que é no Rio de Janeiro a miséria para as mulheres das classes inferiores, cuja idade é a vida em todo o seu vigor? É a preguiça, o orgulho, a vaidade, o desejo imoderado de trajar roupas finas, o costume de nada fazer, por isso que há escravos para servir, a repugnância de prestar serviços desta raça, serviços que são a partilha de suas iguais nos países onde não há escravatura".[47]

Somente enquanto fruto da *ociosidade*, a miséria é apontada como uma das causas da prostituição na cidade do Rio de

---

47. H. A. L. Cunha, *op cit.*, p. 33. Vejam-se, ainda, as concepções de J. A. de A. Macedo Jr., *op. cit.*; J. de G. Siqueira Filho. *A Prostituição na Cidade do Rio de Janeiro*, Rio, Tip. da Reforma, 1875; e C. P. Ramos, *Quais as Medidas Higiênicas que se Devem Observar Para Impedir o Desenvolvimento Crescente da Sífilis no Rio de Janeiro?*, Rio, Imp. Industrial, 1881.

Janeiro. Observamos, portanto, que a associação entre prostituição e escravidão é portadora não só de um significado moral, mas também de um significado social. Concebendo o escravo como "indolente" e "mau trabalhador", o médico denuncia a escravidão como elemento de difusão da "ociosidade" e de "desqualificação do trabalho".

Entretanto, mesmo revelando uma concepção crítica da escravidão, vista como elemento de depreciação do *trabalho* e, freqüentemente, associada aos *males* da sociedade brasileira, os textos examinados são portadores de uma certa ambigüidade. Ao tentarem minimizar a extensão da miséria no Brasil, os médicos acabam por negar o vínculo entre escravidão e falta de oportunidade de emprego para os segmentos livres e despossuídos da população, assumindo uma espécie de visão romântica da escravidão, na qual a pobreza é, antes de tudo, gerada pela preguiça e não, como nas sociedades européias industrializadas, pela ausência de trabalho ou pelos baixos salários. Até mesmo as propostas de abolição da escravidão, formuladas em alguns dos primeiros textos médicos sobre a prostituição, não se apresentam, a nosso ver, como indicativas de um posicionamento antiescravista. O Dr. Herculano A. L. Cunha, por exemplo, propunha, em 1845, a extinção da escravidão como um passo importante no combate à prostituição clandestina. Contudo, a medida deveria se restringir à cidade do Rio de Janeiro: a lavoura não seria atingida.[48] E, como sabemos, o setor básico da produção estava localizado, neste momento, no campo e não na cidade.

Neste sentido, é preciso considerar que, enquanto no Rio de Janeiro "as propostas médicas de intervenção na condição de vida e de trabalho do escravo rural" eram quase inexistentes ou secundárias e "feitas a partir da produção teórica européia a respeito do operariado",[49] o Dr. Wücherer — "um dos expoentes da Escola Tropicalista Bahiana" — colocava como "beneficiários" de seus estudos "as classes trabalhadoras dos campos e

---

48. Cf. H. A. L. Cunha, *op. cit.*, pp. 60-61.
49. R. Machado e outros, *op. cit.*, p. 371.

principalmente os escravos".⁵⁰ Para M. Luz, "isto por si só já nos parece indicativo da diferença entre as bases sociais dos dois projetos...".⁵¹ Porém, a nosso ver, não se tratam de bases sociais distintas, mas sim de diferentes projetos que revelavam como traço comum o comprometimento com a preservação da ordem escravista. As diferenças marcariam, portanto, a existência de variações quanto às estratégias de controle da mão-de-obra escrava — variações, estas, possivelmente determinadas pela presença de níveis distintos de consciência no interior dos setores escravistas.

Absorvidos pelos segmentos dirigentes da classe senhorial, num primeiro momento, os médicos aqui tratados pretendiam promover o *Progresso* e a *Civilização* da sociedade brasileira, sem negar e, muitas vezes, até mesmo reforçando seu caráter escravista.⁵² Mas, a partir do último quartel do século XIX, diante do aguçamento das contradições sociais, estes mesmos médicos passariam a conceber a *modernização* através da ruptura com os princípios que fundamentavam a escravidão, sem, contudo, deixarem de expressar as contradições e ambigüidades que, ideologicamente, marcaram a construção de uma nova ordem na sociedade brasileira.

Em 1890, depois de abolida a escravidão, a ausência de empregos para a mão-de-obra feminina ou os baixos salários aos quais estava sujeita passam a ser apontados como fatores sociais determinantes da prostituição na cidade do Rio de Janeiro. Para o Dr. Costa Ferraz, por exemplo, a situação de "inferioridade" da mulher, "sem poder atingir ao trabalho remunerador", colocava-a diante de duas únicas alternativas: "a miséria ou a desonra". E, assim, conclui:

"Ao passo que se permite a concorrência do homem em todas as profissões delicadas, sedentárias e verdadeiramen-

50. M. T. Luz, *Medicina e Ordem Política Brasileira*, Rio, Graal, 1982, p. 129.
51. Ibid., p. 129.
52. Lembre-se que a consolidação do Estado imperial, cuja base era escravista, caracterizou-se, entre outras coisas, pela disseminação, a partir de fins da década de 1840, de medidas que expressavam as relações entre uma política médica e a ampliação dos poderes do Estado (cf. I. R. de Mattos, *O Tempo Saquarema*, São Paulo/Brasília, Hucitec/INL, 1987).

te femininas, enraizou-se a crença de que a mulher não pode concorrer com o homem, nas que ele entende ser do seu exclusivo privilégio. Esta interdição tem contribuído sem dúvida para avolumar a impudicícia...".[53]

Mais uma vez, a submissão feminina ao poder masculino é colocada em xeque, pois, ao restringir ou eliminar as oportunidades de emprego para a mulher, acabaria por conduzi-la à *degradação* moral e social. A mulher *sem trabalho* é vista, portanto, como uma prostituta em potencial. Mas, para o médico, a realização de tal potencialidade continuava sendo, em última análise, fruto da "ignorância" e de uma "educação distorcida", que produziam na mulher comportamentos marcados pela "indolência" e pela "ambição".

A prostituição é ainda definida como fonte da doença social em dois sentidos básicos: seja enquanto *espaço de reprodução da miséria*, seja enquanto *lugar de produção do luxo ilícito*. Ambos constituem, no discurso, os eixos fundamentais em torno dos quais o médico constrói a imagem da *ameaça* social que marcaria os contornos da prostituição. Na classificação da prostituição pública, elege a situação econômica, expressa nas condições de moradia, no vestuário e no comportamento, como elemento revelador da hierarquia que dividia as prostitutas em pelo menos três categorias: as "ricas" — que residiam em casas de sobrado, localizadas em regiões mais afastadas, ou em hotéis aristocráticos —, as "remediadas" — que habitavam em casas térreas, pequenos sobrados ou estalagens —, e as "pobres" — que moravam em "sórdidos casebres ou zungus".[54] Quanto mais pobres, mais *perigosas* enquanto foco de infecção sifilítica e enquanto disseminadoras da *indecência* e da *depravação*. Quanto mais miseráveis, maiores os riscos que representavam para a saúde física e moral do conjunto da população. Mas, no plano da ameaça social, o luxo e a miséria igualavam-se no perigo que representavam, pois ambos simbolizavam a negação do trabalho.

53. F. F. da C. Ferraz, "Da Regulamentação da Prostituição", in *Anais da Academia de Medicina do RJ*, Rio, Laemmert, 1890, vol. LV, pp. 260 e 271.
54. Cf. H. A. L. Cunha, *op. cit.*, pp. 16 e ss.; J. A. de A. Macedo Jr., *op. cit.*, pp. 13 e ss.; e F. F. de Macedo, *op. cit.*, pp. 74 e ss.

A DEFINIÇÃO DOS SIGNIFICADOS DA DOENÇA

Espaço de reprodução da miséria e do não-trabalho, a prostituição é vista como foco de contaminação da doença social:

> "...dia em dia avulta à *exibição* das mais abjetas cenas de prostituição, transbordando das vielas e quarteirões onde outrora se *escondia* o hediondo vício para as ruas *mais freqüentadas* e para bairros, onde só habitavam o *trabalho* e as *famílias honestas*".[55]

O *perigo* representado para o "trabalho" e para as "famílias honestas" é associado, explicitamente, ao caráter *mais público* ou *mais aparente* das "cenas abjetas da prostituição". Configurando-se como uma alternativa de sobrevivência para a mulher economicamente desamparada — abandonada pelo marido, viúva, órfã etc. —, revestida pela falsa imagem do ganho fácil, constituía-se em núcleo de atração, desviando mão-de-obra feminina dos setores produtivos ou do trabalho *honesto*.[56]

Mas, o *perigo* tornava-se mais assustador à medida que o risco de contágio se estendia à clientela. *Contaminando* física e/ou moralmente o corpo do trabalhador, transformava-o em *indolente, ocioso*, enfim, em *incapaz* para o trabalho, tornando-o *inútil* para a sociedade. Referindo-se às principais conseqüências da sífilis para o indivíduo e para a sociedade, o Dr. Macedo Júnior ressalta que

> "...o operário, havendo interrompido o seu trabalho, e forçado a contrair empréstimos para ocorrer às despesas do seu tratamento, coloca-se nas circunstâncias de jamais poder desempenhar-se, e de perder desta sorte o crédito de que gozava, e de que poderia dispor...

---

55. Parecer n.º 137 da Comissão de Saúde da Câmara dos Srs. Deputados apresentado pelos Exmos. Srs. Lima Duarte e Felício dos Santos em sessão de 19.08.1879 e aprovado pela mesma Câmara, in *Diário Oficial*, n.º 222, de 20.08.1879, p. 14, grifos nossos.
56. Sobre a presença destas mesmas perspectivas nas concepções de Miguel Calmon Du Pin e de Ludgero Gonçalves da Silva, chefes de polícia da Corte, veja-se L. C. Soares, "Da Necessidade do Bordel Higienizado", in R. Vainfas (org.), *História e Sexualidade no Brasil*, Rio, Graal, 1986, pp. 152-153.

"...não trata mais de socorrer-se à medicina, torna-se preguiçoso, indolente, pusilânime, perde a energia e a generosidade de seu caráter, a força de sua vontade..."

O quadro tornava-se mais grave se, ao invés de um celibatário, a doença atingisse um chefe de família.

"Os resultados funestos que afetam a subsistência necessária à vida, redobram de gravidade, e a miséria por um lado e por outro a repreensível conduta daquele que deverá ser o exemplo da morigeração, trazem a corrupção ao santuário da inocência".[57]

Estreitamente vinculada à prostituição, a sífilis, ao promover a desagregação física e/ou moral do indivíduo, revelar-se-ia também como elemento de desordem social. Contudo, a agressão física e moral ao corpo não se restringia às moléstias venéreas. Segundo o Dr. L. C. de Azevedo, nas casas de prostituição

"...fica a saúde, e há em seu lugar esse estado inveterado e quase incurável, sifilítico ou escrofuloso, e reumático que envelhece um homem moço ainda, e o risca do número dos membros ativos e prestimosos do seu país".[58]

Apontada como um dos principais núcleos de contaminação da doença física e/ou moral do corpo, a prostituição apresenta-se como espaço de reprodução da incapacidade para o trabalho. Degenerando física e moralmente corpos saudáveis, transforma-os em corpos inúteis, socialmente doentes.

Uma outra face da doença social é apresentada através da associação entre *prostituição* e *luxo*, compreendido como riqueza *ilicitamente* obtida por meio da *ociosidade* e da *ambição*. Disfarçada em "fada da felicidade", a prostituta comercializa o prazer, gerando a ostentação, o desperdício e destruindo o patrimônio da família (riqueza) para alimentar o luxo (ilusão de riqueza).

"Por mais de uma vez, se tem visto indivíduos, cujo passa-

---

57. J. A. de A. Macedo Jr., *op. cit.*, p. 37.
58. L. C. de Azevedo, *op. cit.*, p. 218.

A DEFINIÇÃO DOS SIGNIFICADOS DA DOENÇA 101

do foi uma série não interrompida de atos de irrepreensível honestidade, esquecerem o que há de mais santo e puro na terra — a família — para se entregarem aos caprichos e à vaidade de uma cortesã, que a sorrir esbanja o fruto do trabalho de anos, destinado a assegurar aos inocentes filhinhos dias de sossego e de repouso.

Não é novo... ver-se herdeiros de respeitáveis nomes, e de colossais fortunas, envilecer aqueles, e esperdiçar estas na satisfação da estulta veleidade dessas infelizes..."[59]

A prostituição afigura-se não apenas como um atentado ao trabalho, mas também como uma agressão ao fruto do mesmo. Fortemente associada à noção de desperdício, opõe-se à idéia de acumulação, manifestando-se como elemento destruidor do patrimônio, da fortuna, da propriedade constituída.

Classificada como doença social e, portanto, como foco de desagregação do trabalho e da propriedade, a prostituição representaria uma ameaça à própria riqueza da nação. Gerando a incapacidade para o *trabalho* e a devastação da *propriedade*, produziria o indivíduo *inútil*, ou seja, *inabilitado* para o exercício da cidadania. No discurso, a noção de *prostituição* se opõe à de *pátria* e a prostituta é, antes de tudo, *estrangeira*:

"Entre nós, poucas são as mulheres filhas do país que desprezando a educação e os exemplos de moralidade... se entregam à prostituição e... entre estas, grande parte aí vai ter pelo interesse e preguiça, pois poderiam viver honestamente de seu trabalho. Especialmente na Corte a mor parte das meretrizes é estrangeira..."[60]

Afirmações como esta são muito freqüentes nos textos analisados. Os autores do Parecer n.º 137, por exemplo, definem a prostituição na cidade do Rio de Janeiro, essencialmente, como "um mal que vem de fora", contra o qual "seria lícito estabelecer quarentena rigorosa".[61] Considerando que o desenvolvimento da "indústria da prostituição" no Rio de Janeiro devia-se, sobretudo,

---

59. J. A. de A. Macedo Jr., *op. cit.*, pp. 27-28.
60. C. P. Ramos, *op. cit.*, p. 74.
61. Parecer n.º 137, 19.08.1879, *op. cit.*

à presença de estrangeiras, o Dr. José de G. e Siqueira Filho adverte:

"Queremos a estrangeira para os trabalhos e as indústrias lícitas, que concorrem e aumentam a renda pública; queremos as mulheres que façam florescer as nossas fábricas e manufaturas com o seu talento e assiduidade. Não desejamos, porém, que venham corromper ainda mais os nossos costumes e debilitar a família brasileira".[62]

A *ociosidade* e a *ambição*, aliadas à *miséria*, definem socialmente a prostituição como ameaça ao *trabalho* e à *propriedade*. E, deste modo, o médico imprime sobre a prostituição um cunho de oposição ao *progresso* e à *civilização*, qualificando-a como *inimiga da nação*.

* * *

A partir do que foi exposto, podemos observar que, definida como doença, a prostituição adquire, no discurso, um significado bastante amplo, através do qual é diagnosticada pelo médico como uma ameaça que, transcendendo a extensão física do corpo, atinge a família, o casamento, o trabalho e a propriedade. Diagnóstico que, *fundamentando cientificamente* o caráter *perigoso* da prostituição, serviria como aval para justificar a necessidade da intervenção e do controle médicos.

---

62. J. de G. e Siqueira Filho, *op. cit.*, pp. 12-13.

4.
Do diagnóstico à prescrição dos medicamentos: as propostas de controle da prostituição

> *"Diante de tantos descalabros, a família brasileira lança-se aos pés de Vossa Majestade Imperial, o monarca que é o exemplo de todas as virtudes, e pede providências que a ampare contra as seduções da serpente, a prostituição, que lhes rouba o marido, o pai, o irmão, o filho para precipitá-los à fome, à miséria e à desonra".* (Brazilicus, Sobre a Prostituição, *1883)*

A partir do levantamento dos principais temas relacionados às categorias causas, efeitos e medidas de controle da prostituição, observamos que os textos médicos sobre a prostituição, produzidos no Rio de Janeiro entre 1840 e 1890, embora situados num mesmo universo discursivo, revelam algumas posições divergentes.

Tomada como objeto da reflexão médica enquanto um dos aspectos característicos da *cidade doente*, a prostituição é, *consensualmente*, diagnosticada como um *mal* que ameaça a saúde *física, moral* e *social* do conjunto da população urbana. Mas, se de um lado as medidas profiláticas contra a prostituição apresentam-se como uma preocupação comum, de outro o discurso manifesta discordâncias quanto às formas que deveriam ser empregadas no tratamento da *doença*. O objetivo almejado por todos era o de controlá-la, mas a idéia de controle revela significados distintos. Para uns, controlar seria limitar, isolar e manter a prostituição, convertendo-a em espaço útil para a sociedade, através de medidas higiênicas e policiais. Para outros, controlar seria diminuir e, se possível, eliminar o mal da sociedade, através da repressão policial rigorosa, ativada com base nos princípios legais já existentes.

Quanto às formas de tratamento prescritas, o discurso médico sobre a prostituição apresenta, portanto, uma certa heterogeneidade marcada pela presença de duas tendências: a *defesa* e a *oposição* à regulamentação sanitária da prostituição pública.

O projeto de regulamentação sanitária da prostituição pública

A posição favorável à regulamentação da prostituição pública, profundamente inspirada na obra do Dr. Parent-Duchâtelet e nas experiências implantadas em Paris neste sentido, começa a ser esboçada na comunidade médica do Rio de Janeiro, a partir da década de 1840.[1] Em fins dos anos 1860, a defesa da regulamentação passaria a adquirir maior consistência e sofisticação, conquistando um espaço mais expressivo no meio acadêmico.[2]

1. Cf. J. P. Rego, "Algumas Considerações Sobre a Prostituição", in *Revista Médica Brasileira*, Rio, Ano I, n.º 1, 1841; H. A. L. Cunha, *Dissertação Sobre a Prostituição em Particular na Cidade do Rio de Janeiro*, Rio, Tip. Imparcial, de F. de P. Brito, 1845; M. A. H. de Sá, *Algumas Reflexões Sobre a Cópula, Onanismo e Prostituição no Rio de Janeiro*, Rio, Tip. Laemmert, 1845; e A. J. P. das Neves, "Memória", in *Anais Brasilienses de Medicina*, Rio, Tip. de F. de P. Brito, 1854, vol. IX, n.º 9, jun. 1854. Na discussão que teve lugar na AIM em 03.10.1850, os Drs. Antônio da Costa e José P. Rego pronunciaram-se favoráveis à regulamentação (cf. ABM, Rio, Tip. F. de P. Brito, 1851, vol. VI, n.º 2, nov. 1850).
2. Cf. L. C. de Azevedo, "Da Prostituição no Rio de Janeiro", in *Anais Brasilienses de Medicina*, Rio, Tip. J. J. C. Cotrim, 1869, vol. XXI, n.º 6, nov. 1869; J. A. de A. Macedo Jr., *Da Prostituição no Rio de Janeiro e de sua Influência Sobre a Saúde Pública*, Rio, Tip. Americana, 1869;

AS PROPOSTAS DE CONTROLE DA PROSTITUIÇÃO 105

Curiosamente, ao mesmo tempo em que, na França, o acirrado conflito entre regulamentaristas e abolicionistas conduzia estes últimos à vitória,[3] os pró-regulamentaristas pareciam consolidar sua influência. Em 1890, a Academia de Medicina, apesar de não chegar a formular um regulamento específico, aprovava um conjunto de medidas relativas à profilaxia da sífilis, algumas das quais se referiam diretamente à prostituição na cidade do Rio de Janeiro.[4]

Defendendo a necessidade de se regulamentar a prostituição, estes médicos assumem, claramente, uma perspectiva normatizadora, elaborada em torno da afirmação, *cientificamente* fundamentada, de que a prostituição seria um *mal inevitável* e, portanto, não *poderia* ser eliminada. Este é o ponto de partida para o raciocínio que conduziria à concepção segundo a qual ela seria um *mal necessário* e, portanto, não *deveria* ser extinta.

A intenção de conferir à prostituição um traço de fatalidade pode ser observada na afirmação insistente de que ela sempre existiu, fato esse que os médicos regulamentaristas procuram comprovar através de capítulos inteiros dedicados ao estudo da

---

F. F. de Macedo, *Da Prostituição em Geral e em Particular em Relação à Cidade do Rio de Janeiro: Profilaxia da Sífilis*, Rio, Tip. Acadêmica, 1872; J. de G. e Siqueira Filho, *A Prostituição na Cidade do Rio de Janeiro. Necessidade de Medidas e Regulamentos Contra a Propagação da Sífilis*, Rio, Tip. da Reforma, 1875; J. F. de Souza, "Memória Sobre as Medidas a Adotar Contra a Prostituição no País", in *Anais Brasilienses de Medicina*, Rio, Laemmert, 1877, vol. XXVIII, n.os 8, 9 e 10, jan. a mar. 1877; C. P. Ramos, *Quais as Medidas Higiênicas que se Devem Observar Para Impedir o Desenvolvimento Crescente da Sífilis no Rio de Janeiro?*, Rio, Imp. Industrial, 1881.
3. Cf. A. Corbin, *Saberes e Odores*, São Paulo, Companhia das Letras, 1987, pp. 288 e 290; e M. Rago, *Do Cabaré ao Lar*, Rio, Paz e Terra, 1985, pp. 92-93.
4. Cf. "Relatório dos Trabalhos da Academia Nacional de Medicina pelo Dr. A. J. P. de S. Araújo", in *Anais da Academia de Medicina do RJ*, Rio, Laemmert, 1890, vol. LVI, 1890/91, pp. 23-53. Lembre-se que os debates então realizados deram origem aos trabalhos pró-regulamentaristas do Dr. A. J. P. de S. Araújo ("Regulamentação Sanitária da Prostituição"), do Dr. J. M. Caminhoá ("Memória Sobre a Profilaxia da Sífilis no Rio de Janeiro") e do Dr. J. C. M. Brazil ("Regulamentação Sanitária da Prostituição e Sífilis Ocular no Rio de Janeiro"); todos publicados nos *Anais da Academia de Medicina do RJ*, Rio, Laemmert, 1890, vol. LV, pp. 213-257 e 363-432.

história da prostituição desde a Antiguidade. A prostituição é vista como um mal congênito a todas as sociedades. Um mal que não pode ser extirpado, pois se constitui num dado contraditório da própria natureza ao gerar, no homem, o eterno conflito entre a razão e o instinto. O equilíbrio seria assegurado, na medida em que os instintos sexuais masculinos não fossem nem completamente livres, nem completamente reprimidos. A realização das necessidades sexuais masculinas, naturais e legítimas, deve ocorrer dentro dos limites impostos pelo "direito moral das sociedades" à "liberdade desenfreada de qualquer homem". Eis porque a prostituição é fatal e necessária.

> "Ela tem vivido e viverá sempre no seio de todas as sociedades, como um benefício à honra e probidade do lar das famílias, que têm aí como que uma válvula de segurança. O instinto cria no homem a força, a exigência da animalidade; refreai as grandes faculdades, tereis o idiota, o escravo, o nababo; retrai, porém, o instinto, tereis o criminoso."[5]

O desenvolvimento discursivo deste argumento traz implícita a noção de que o organismo masculino é, fisiologicamente, portador da necessidade de realização do *prazer pelo prazer*. Como já observamos, ao homem é conferido um espaço mais amplo, localizado dentro dos limites do *natural*, para a satisfação de seus instintos sexuais. Assim, a prostituição torna-se indispensável para a preservação das instituições sociais — dentre as quais, a familiar — diante das necessidades sexuais fisiologicamente geradas no homem e que não podem ser comprimidas.

Necessidade produzida pelas contradições da própria natureza, a prostituição era vista como uma enfermidade incurável, que não podia ser extinta, mas que precisava ser tratada. Associada à *sífilis*, ela aparece, aos olhos do médico, como uma *doença* do corpo que se propaga corroendo outros corpos, muitos dos quais *inocentes*. Por isso, era preciso combater o *mal* que se disseminava pelas ruas e pelas casas da cidade, *ameaçando* a integridade física, moral e social do indivíduo, da família e da

---

5. J. F. de Souza, *op. cit.*, pp. 321-322.

AS PROPOSTAS DE CONTROLE DA PROSTITUIÇÃO

sociedade. Era preciso combater a *prostituição livre*, ou seja, o único mal que, de fato, ameaçava...

> "Se a prostituição sujeita a regulamento é um mal necessário, se nos permita dizer que a prostituição livre é um flagelo e que proclamar a liberdade do deboche é proclamar a liberdade do escândalo e mais ainda a do envenenamento".[6]

Neste sentido, os médicos regulamentaristas reclamavam a aplicação de normas higiênicas e policiais que cerceassem a liberdade da prostituta pública, buscando os argumentos em defesa da repressão à *prostituição livre* na própria concepção liberal, segundo a qual os limites da liberdade do indivíduo terminam onde começa a liberdade do outro.

> "Não pode haver liberdade absoluta. Em tudo é necessário o equilíbrio, a ordem e a harmonia. A vida social exige que cada um sacrifique parte de sua liberdade em benefício de muitos ou de todos".[7]

E, assim, aos poderes públicos, "defensores do trabalho, da ordem, da moralidade e da saúde do povo", incumbidos de "zelar pelo bem da coletividade", caberia adotar medidas repressivas contra a prostituição, que colocava em risco os alicerces de toda a organização social. As medidas de fiscalização do corpo da prostituta, concebido como mercadoria, são justificadas como necessárias para a proteção da saúde do consumidor. Alguns médicos, baseados nas afirmações do Dr. Martineau, desenvolvem este argumento de uma maneira bastante sofisticada.

> "...ocorre aos poderes públicos o dever de remover aqueles focos de infecção sifilítica que danificam não só a geração presente como a futura.

---

6. C. P. Ramos, *op. cit.*, p 79.
7. J. de G. e Siqueira Filho, *op. cit.*, p. 69. Veja-se, no mesmo sentido, as concepções do Dr. C. P. Ramos, *op. cit.*, pp. 78-79; A. J. P. de S. Araújo, *op. cit.*, pp. 228 e ss.; J. M. Caminhoá, *op. cit.*, pp. 367 e ss.; J. C. M. Brazil, *op. cit.*, pp. 421 e ss.

> Se no caso vertente há atentado contra a liberdade do indivíduo, este não será menor do que quando impede-se nos mercados vender a fruta deteriorada, o peixe em decomposição, os vinhos falsificados. Sejamos práticos. A prostituta exerce um comércio; é preciso portanto que o objeto vendido esteja em bom estado. (...)
> A carne putrefata, o vinho envenenado pode danificar, matar o indivíduo que dele usar; o mal fica aí. A sífilis porém estende-se em regra, aos descendentes, vai bem longe produzindo males incalculáveis".[8]

Mas, os meios coercitivos deveriam ser executados com moderação, pois os excessos da repressão seriam tão nocivos quanto a liberdade absoluta. Os médicos brasileiros condenam os regulamentos excessivamente rigorosos que, ao invés de conter a ameaça, acabavam tornando-a mais perniciosa. O Dr. Caminhoá, por exemplo, critica a severidade na aplicação das medidas sanitárias, bem como o exagero na propaganda contra a sífilis, ressaltando que

> "Enquanto era excessivo o rigor dos *tenentes de polícia de Paris* com as mulheres públicas, principalmente as sifilítica..., os casos de sífilis aumentaram progressivamente. (...)
> Por outro lado, os homens, receosos de contrair a moléstia..., procuravam seduzir as raparigas recatadas e, principalmente, as desvalidas, ou mesmo as casadas de menos firme honestidade; e, quando não podiam consegui-las facilmente, e eram devassos, procuravam pederastas passivos, para substituí-las, julgando que assim estavam isentos de contrair a sífilis".[9]

---

8. J. C. M. Brazil, *op. cit.*, p. 423. Veja-se, ainda, J. M. Caminhoá, *op. cit.*, p. 367.
Note-se que a defesa da regulamentação da amamentação mercenária percorreria uma trajetória bastante próxima. Considerado como uma indústria que não poderia desaparecer da sociedade, o aleitamento mercenário deveria ser submetido à fiscalização (cf. M. Rago, *op. cit.*, pp. 76-77).
9. J. M. Caminhoá, *op. cit.*, p. 373.

Além de contribuir para o aumento da sífilis, os excessos da repressão comprometiam o caráter *útil* da prostituição, incentivando, não só a "sedução" de "raparigas recatadas", "desvalidas" e "casadas", mas até mesmo a prática da "pederastia". Mas, por outro lado, tal zelo era também uma resposta aos médicos anti-regulamentaristas que, como veremos, dizendo-se os únicos verdadeiramente inspirados pelo ideário liberal, condenavam a regulamentação sanitária da prostituição, atribuindo-lhe um conteúdo autoritário. Aliás, o temor de cair nas malhas dos argumentos adversários faria com que o Dr. Francisco de Souza assumisse uma posição ambígua. Ao mesmo tempo em que propunha medidas "correcionais" — muito próximas daquelas previstas no projeto de regulamentação sanitária —, condenava qualquer tipo de "perseguição" à prostituição, desde a ação arbitrária da polícia até a inscrição e o exame médico obrigatórios.[10]

Quanto ao objetivo da regulamentação, este é claramente perceptível: converter a prostituição em espaço *útil*, isolando-o, restringindo-o e transformando-o em espaço higienizado.

"Há exigências da natureza que o homem menos policiado não sabe comprimir; e se para as funções privadas dos intestinos, se estabelecem cloacas limpas e arejadas para que os gases mefíticos não corrompam nelas o ar, deve haver também arraiais demarcados e bem regidos onde se possa o organismo aliviar dessas descargas de sensualidade e luxúria que o vício engendra, e fracos preceitos da vida social não conseguem ainda comprimir".[11]

Note-se que embora explicitamente a necessidade do homem em "descarregar a sensualidade" seja conceituada como "vício", a mensagem implícita na comparação com as necessidades fisiológicas do intestino é portadora de um significado distinto, ou seja, o desejo sexual gerado no corpo masculino, como qualquer outra necessidade fisiológica, tem que ser naturalmente satisfeito.

A prostituição torna-se indispensável como *válvula de escape* que, absorvendo as exigências dos instintos incontroláveis, apre-

---

10. Cf. J. F. de Souza, *op. cit*, pp. 319, 382-383.
11. L. C. de Azevedo, *op. cit.*, p. 212.

senta-se como um escudo de proteção a valores e padrões de comportamento essenciais — a virgindade, a fidelidade feminina etc. — para a viabilização do projeto médico de transformação da *família* e do *casamento* em *instituições higiênicas*. Os médicos regulamentaristas iriam ainda mais longe, conferindo à prostituição a capacidade de conter, ou pelo menos restringir, *perversões sexuais* consideradas *mais graves* — tais como as relações homossexuais, a automasturbação, a sodomia.

> "Não será preferível entregar-se a uma barrigan do que a esse vício de nocivas conseqüências, o onanismo... ou a este outro ainda mais asqueroso e nojento, que chamou sobre Sodoma e Gomorra a cólera celeste...
> Se a memória nos não é infiel, recordamo-nos de ter ouvido ao distinto lente de Medicina legal que o aumento crescente do número de prostitutas trazia a diminuição dos pederastas".[12]

Mas, a *prostituição livre* não se mostraria capaz de cumprir tal papel. Apontada como principal foco de propagação das moléstias venéreas, de disseminação da devassidão e da dissolução dos costumes, de reprodução do não-trabalho e da falência material, a prostituição não controlada era considerada apenas um *mal*, um "atentado à saúde, à moralidade e à ordem pública". Para que ela se tornasse menos *ameaçadora* e, ao tempo, mais eficaz no exercício de sua função *saneadora*, era preciso regulamentá-la, ou seja, criar condições para que a prostituta de *inimiga* fosse convertida em *aliada* no processo de *higienização* do espaço social urbano.

Neste sentido, os médicos regulamentaristas reforçam sua posição quanto à necessidade de se regulamentar a prostituição no Rio de Janeiro como um meio eficaz de combater a propagação da sífilis, eliminar a *imoralidade* pública, conter a *desordem* social e, assim, *civilizar* a cidade, imitando o exemplo de países mais adiantados. O projeto de normatização da prostituição compreende medidas de caráter policial e higiênico orien-

---

12. J. A. de A. Macedo Jr., *op. cit.*, p. 10. A idéia de que a prostituição funcionaria como elemento de contenção à "pederastia" é defendida também pelo Dr. J. M. Caminhoá (cf. *op. cit.*, p. 373).

AS PROPOSTAS DE CONTROLE DA PROSTITUIÇÃO

tadas, basicamente, no sentido de identificar e isolar as prostitutas públicas, submetendo-as a um rigoroso controle médico.

A obrigatoriedade da inscrição das prostitutas na polícia, bem como o seu isolamento em determinadas áreas da cidade, revelam uma preocupação no sentido de delimitar o espaço da prostituição pública, tornando-o mais facilmente reconhecível e controlável. Tais medidas são apontadas como "...as mais úteis e necessárias para a repressão — não extinção — da prostituição, tornando-a de clandestina em pública e vigiada..."[13] A intenção de criar mecanismos de diferenciação entre a *prostituição pública* e a *clandestina* apresenta-se como uma das características mais importantes do projeto de regulamentação.

Referindo-se à presença dos dois tipos de prostituição na cidade do Rio de Janeiro, o Dr. Herculano Cunha ressalta que, "...não estando nenhum deles sob a alçada da polícia, a lei não os define, e a devassidão prossegue solapando a saúde do povo".[14] No mesmo sentido, o Dr. Macedo Júnior afirma que na França, onde a prostituição é regulamentada,

> "...distingue-se a *libertinagem pública da pública prostituição*; a *prostituta* da mulher que desprezando os preceitos da moral e da religião se entrega aos desmandos da concupiscência sem contudo pôr seus favores ao alcance de todos em troca de uma paga qualquer".[15]

O incômodo gerado pela impossibilidade de diferenciar a "pública prostituição" da "libertinagem pública" vincula-se às perspectivas distintas que o médico teria diante de uma e de outra. A prostituição pública é um *mal* inevitável e, até mesmo, necessário. Mas, a prostituição clandestina — ou "libertinagem pública" —, cujo significado, como podemos observar no trecho citado, transcende o *ato de vender o corpo*, deveria ser severamente combatida através de meios preventivos e de medidas repressivas. Impossibilitado de "arrolar" as prostitutas existentes na cidade do Rio de Janeiro, o Dr. Ferraz de Macedo se irrita por não poder "discriminar as honestas das clandestinas e estas

---

13. A. J. P. de S. Araújo, *op. cit.*, pp. 240-241.
14. H. A. L. Cunha, *op. cit.*, p. 15.
15. J. A. de A. Macedo Jr., *op. cit.*, p. 8.

das públicas". Diante da situação, reclama "medidas policiais... que as obriguem... a declarar o que são", que as "diferenciem", eliminando o "gênero da prostituição clandestina".[16] Neste sentido, regulamentar significava preservar e circunscrever o espaço da prostituição pública, convertendo-o em instrumento de combate à prostituição clandestina.

O isolamento prescrito às prostitutas públicas revela-se também como um meio de diminuir a possibilidade de *contaminação* da população considerada moralmente sadia, dado fundamental para assegurar a utilidade destas prostitutas. Neste sentido, os médicos regulamentaristas recomendam ainda a intervenção da polícia nos casos em que a prostituta manifestasse comportamento ofensivo à moralidade pública. Alguns destes médicos chegam mesmo a propor medidas minuciosas como, por exemplo, proibir as prostitutas de chegar à janela e falar com os homens parados na rua[17] ou obrigá-las a manter suas janelas sempre fechadas e revestidas por vidros foscos ou pintados ou por venezianas de madeira.[18] De um modo geral, a perspectiva médica se orienta no sentido de reprimir, através da regulamentação da prostituição.

> "... (a) provocação pública, nas ruas e nas praças, nos teatros e nos templos, ao pé dos colégios e das fábricas, por toda a parte em que ela se ostenta, sem respeito às famílias..."[19]

A segregação da prostituta, prevista nas propostas de regulamentação, revela ainda uma preocupação com os riscos sociais contidos na exibição pública do luxo.

---

16. F. F. de Macedo, *op cit.*, pp. 74-75.
17. Cf. A. J. P. das Neves, *op. cit.*, p. 28.
18. Cf. J. A. de A. Macedo Jr., *op. cit.*, p. 48. Contra as ofensas à moral e aos bons costumes cometidas pelas prostitutas através de atitudes escandalosas e obscenas "nas ruas mais públicas, nos bailes públicos, nos salões de alguns hotéis", o Dr. J. de G. e Siqueira Filho recomenda o enquadramento no Art. 280 do Código Criminal, que fixa a penalização daquela que "praticar qualquer ação que na opinião pública seja considerada como evidentemente ofensiva da moral e dos bons costumes, sendo em lugar público" (*op. cit.*, p. 86).
19. A. J. P. de S. Araújo, *op. cit.*, p. 237.

"Todos os dias encontram-se nas praças e passeios... as hetairas de primeira classe, insultando a pobreza honesta da filha do operário com seus deslumbrantes *toilettes* e faustosas equipagens.
...o exemplo que essas infelizes oferecem às donzelas da classe inferior, que as vêem rodeadas de luxo e opulência, é por sem dúvida poderoso incentivo para que facilmente se dobrem às seduções..."[20]

Restringir a ostentação pública do luxo significa proteger a *sociedade sadia* contra as "seduções" da *riqueza fácil* e do *não-trabalho*. É interessante observar que a imagem da mulher desfrutando uma autonomia econômica é associada à prostituta, já que o acesso à *riqueza lícita* só é concebível através do casamento. Por outro lado, o trabalho operário apresenta-se como a única atividade remunerada que mesmo desempenhada pela mulher é reconhecida como *trabalho*. Deste modo, somente *protegida* pelas redomas da *família* ou da *fábrica*, a mulher poderia, *honesta* e *honradamente*, garantir as condições econômicas de sua sobrevivência.

Se por um lado o *perigo* da prostituição relaciona-se ao risco de contaminação moral e social do conjunto da população urbana, por outro vincula-se também a obscuridade que a cerca: espalhada por todos os cantos da cidade, pode estar *disfarçada* e *escondida* em qualquer lugar. Os atributos conferidos pelo médico à prostituta, através de adjetivos relacionados à noção de *inconstância* — relativos não só ao seu caráter, mas também à ausência de moradia fixa —, identificam a idéia de ameaça com a necessidade de conhecer, classificar e, portanto, controlar. Neste sentido, vale a pena destacar que, nas sugestões para o regulamento da prostituição, o Dr. Siqueira Filho prevê que "cada mulher pública é obrigada a conservar um caderno em que serão lançadas as visitas sanitárias, o seu nome, apelido, filiação, naturalidade, ou nacionalidade, se for estrangeira, idade, residência e o número de matrícula".[21]

20. J. A. de A. Macedo Jr., *op. cit.*, p. 28. Veja-se, ainda, L. C. de Azevedo, *op. cit.*, p. 221.
21. J. de G. Siqueira Filho, *op. cit.*, p. 106.

A institucionalização do bordel, concentrando e fixando as prostitutas, apresenta-se, assim, como o meio mais eficaz de viabilizar a fiscalização médica e policial. E, ao mesmo tempo, através da circunscrição do espaço da prostituição, evitar e/ou restringir o contato com o conjunto da população urbana. Expressando um traço característico da posição favorável à regulamentação sanitária, o Dr. Lassance Cunha recomenda que

> "As mulheres públicas devem estar sujeitas à vigilância imediata da polícia, e por isto é conveniente acantoá-las nas ruas de menos trânsito, e muito importa a adoção destas casas..., em que elas, reunidas em comunidade, vivem subordinadas à inspeção de uma regente, que torna-se até certo ponto a responsável pelos insultos praticados em seu bordel contra a moral, saúde e a tranquilidade pública".[22]

Quanto mais precisos e restritos fossem os limites do espaço da *prostituição permitida*, mais fácil seria a sua conversão em espaço vigiado e, portanto, mais ágil e eficientemente poderiam ser acionados os mecanismos de repressão. Não podemos deixar de estabelecer aqui um paralelo entre o bordel e o botequim. Enquanto os quiosques — que situados nas calçadas constituíam um ponto de encontro bastante concorrido entre os populares — foram violentamente perseguidos e eliminados da paisagem carioca durante a administração de Pereira Passos, os botequins foram tolerados. Dentre as razões que explicariam esta diferenciação, Sidney Chalhoub destaca o fato de que

> "Restringir os hábitos populares de conversar e bebericar ao espaço interno do botequim significa... tornar mais explícito o antagonismo entre o pequeno proprietário e seus fregueses, transformando o primeiro num aliado mais efetivo da força policial na vigilância contínua que se quer exercer sobre os homens pobres..."[23]

---

22. H. A. L. Cunha, *op. cit.*, pp. 59-60. A mesma recomendação é dada pelo Dr. J. A. de A. Macedo Júnior (cf. *op. cit.*, p. 48).
23. S. Chalhoub, *Trabalho, Lar e Botequim*, São Paulo, Brasiliense, 1986, p. 175.

AS PROPOSTAS DE CONTROLE DA PROSTITUIÇÃO

Denunciada pelo próprio médico como principal foco de infecção sifilítica, a prostituição deveria, ainda, ser submetida a rigorosas medidas de caráter higiênico. Para o Dr. Siqueira Filho, os transmissores da sífilis deveriam ser enquadrados nos Arts. 201 e 205 do Código Criminal, que prevêem a punição para o ato de "ferir ou cortar qualquer parte do corpo humano, ou fazer qualquer outra ofensa física com que se cause dor ao ofendido".[24] Contudo, o próprio autor ressalta que a aplicação das penas legalmente previstas seria muito difícil nos casos de transmissão de moléstias venéreas, pois "...as trevas as mais densas cercam sempre esse atentado e o processo seria muitas vezes impossível".[25] Daí a necessidade da regulamentação sanitária da prostituição que fixaria medidas *mais viáveis* no combate à sífilis: o exame médico periódico, a proibição do exercício da atividade às prostitutas afetadas por moléstias contagiosas, o tratamento obrigatório, a criação de hospitais.

Através das visitas obrigatórias e periódicas, o médico pretendia obter um controle absoluto do corpo da prostituta. Tais visitas deveriam, pois,

"...consistir em uma exploração completa das partes sexuais, por meio do *speculum*, visto que lesões, mais ou menos graves, podem ocupar a parte superior da vagina, ou o colo do útero, e escapar ao exame, embora feito com cuidado, das partes exteriores da geração. Tanto mais assim se deve fazer, quanto é sabido... que homens se têm infeccionado comunicando com mulheres, que, diziam eles, nada tinham, isto é, que eles as haviam examinado de uma maneira incompleta; então recorria-se a mil hipóteses para explicar a infecção, e tais hipóteses, que desapareciam perante um exame mais exato, eram então admitidas sem reclamação".[26]

24. Cf. Art. 201 do Código Criminal de 1830. O Art. 205 estabelece a aplicação da pena "Se mal corpóreo, resultante do ferimento ou ofensa pública, produzir grave incômodo de saúde ou inabilitação de serviço por mais de um mês" (Cf. Art. 205 do Código Criminal de 1830).
25. J. de G. e Siqueira Filho, *op. cit.*, pp. 91-92.
26. A. J. P. das Neves, *op. cit.*, p. 19.

O exame minucioso seria o instrumento utilizado para construir e *legitimar* a *verdade* que, *colocada* exclusivamente ao alcance do médico, conferia-lhe o poder de estabelecer os limites entre a *doença* e a *saúde*, entre o *proibido* e o *permitido*... O poder de vetar a venda do corpo *contaminado* e de submetê-lo ao tratamento obrigatório...

Para os defensores da regulamentação, tais medidas seriam as mais adequadas e eficazes no combate à difusão da sífilis na cidade do Rio de Janeiro. Alguns deles chegam mesmo a fazer comparações, acompanhadas de dados estatísticos, entre as condições de propagação da sífilis em países onde a prostituição é livre e onde é regulamentada. Deste modo, tentam comprovar que as medidas de polícia médica, fixadas pela regulamentação, resultam na redução dos índices de contaminação sifilítica.[27] Como veremos mais adiante, os médicos anti-regulamentaristas, utilizando também dados estatísticos, tentam mostrar que nos países onde a prostituição é regulamentada há um aumento da contaminação sifilítica. Diante disso, parece-nos bastante evidente que, longe de expressarem uma exatidão inequívoca, tais dados são obtidos e utilizados conforme a posição adotada pelo médico quanto ao controle da prostituição.

Dentre os textos analisados, o estudo do Dr. Francisco de Souza é o único em que a prostituição não é vista como uma ameaça à saúde pública. Ao criticar a concepção segundo a qual a prostituição seria o principal foco de produção e disseminação da sífilis, o autor compara os casos da Inglaterra — onde a prostituição é livre — e da França — onde é regulamentada — procurando demonstrar, também através de dados estatísticos, que não existe correspondência entre o crescimento/decréscimo da prostituição e o aumento/diminuição dos índices de contaminação sifilítica. O autor iria ainda mais longe na tentativa de descaracterizar a prostituição como uma ameaça à saúde pública, definindo como um erro de avaliação a afirmação de alguns higienistas de que a prostituição provoca a decadência física das raças. Para o Dr. J. F. de Souza, dos indivíduos que procuram

---

27. Cf. C. P. Ramos, *op. cit.*, pp. 74 e ss.; A. J. P. de S. Araújo, *op. cit.*, pp. 219 e ss.; J. M. Caminhoá, *op. cit.*, pp. 379 e ss.; J. C. M. Brazil, *op. cit.*, pp. 416 e ss.

a prostituta somente os que abusam do coito ficam degenerados.[28] O corpo doente da prostituta não se configura como foco de contaminação física de outros corpos... Mas, é foco de contágio da doença moral e da doença social... Se, de um lado, a regulamentação sanitária é vista pelo autor como uma perseguição desnecessária e arbitrária, de outro, a prostituição completamente livre é condenada como uma ameaça que, perturbando a serenidade do lar, destruindo o patrimônio da família e da nação, compromete seu caráter útil e necessário à sociedade. Assim, o referido médico acaba propondo efetivamente a normatização do espaço da prostituição pública, através da adoção de "medidas correcionais", dentre as quais inclui a "visita de confiança" que deveria ser realizada, regularmente, por médicos da polícia. Além disso, recomenda a obrigatoriedade do internamento nos casos em que "a mulher sofrer de moléstia suspeita". Parece-nos, pois, que mesmo afirmando que a prostituição pública, "... exceptuando algumas medidas correcionais... não deve ser vítima senão do esquecimento",[29] e mesmo procurando minorar os seus efeitos prejudiciais sobre a saúde pública, o Dr. Francisco de Souza elabora um projeto de controle da prostituição pública marcado por uma perspectiva normatizadora, muito semelhante àquela que observamos na proposta de regulamentação. Promover a utilidade da prostituição pública, convertendo-a em espaço ordenado, sujeito a regras de caráter moral e higiênico: eis os objetivos perseguidos.

Ponto de atração de todos os "detritos" da sociedade, o bordel, como a "cloaca", possui uma função *saneadora* indispensável para o conjunto da sociedade urbana, na medida em que possui a "virtude" de

> "...reunir, congregar em seu centro a matilha indecorosa de vadios, devassos, imundos e perniciosos da sociedade em fraternal amplexo. São estes estábulos de vícios, sem dúvida, que suportam, abrandam e dominam em parte o rancor contra a moral e honestidade dos parasitas das pros-

---

28. Cf. J. F. de Souza, *op. cit.*, pp. 344-348.
29. Ibid., p. 319.

titutas, dos devassos e gariteiros que se enovelam nas ruas e praças desta cidade!"[30]

A transformação do bordel em espaço *higienizado* significa, de um lado, delimitar precisamente o lugar da *anormalidade*, eliminando-se, como no caso da prisão, do hospício etc. a confusão entre o *sadio* e o *doente*, disseminados indistintamente pelo espaço da cidade; e, de outro, controlar a *doença*, retirando-lhe o caráter *ameaçador* para convertê-la em *mal necessário*.

A crítica anti-regulamentarista

A oposição ao projeto de regulamentação sanitária da prostituição manifesta-se desde os debates travados em 1850 na Academia Imperial de Medicina. Na ocasião, a posição favorável à regulamentação é criticada pelo Dr. Jacintho, a partir do pressuposto de que "as nossas prostitutas não eram tão perigosas como a de outros países". A discussão é encerrada com a aprovação da proposta do Dr. De-Simoni, no sentido de que a Academia não mais se ocupasse daquela questão, já que o país não se encontrava preparado para uma reforma neste sentido.[31] Quase trinta anos mais tarde, quando a posição pró-regulamentarista já havia conquistado um espaço expressivo no seio da comunidade médica do Rio de Janeiro, o Dr. Felício dos Santos e o Dr. Lima Duarte, membros da Comissão de Saúde da Câmara dos Deputados, elaboram o Parecer n.º 137, onde se posicionam, explicitamente, contrários à regulamentação da prostituição.[32] O confronto entre as duas perspectivas divergentes teria lugar, mais uma vez, nos debates realizados na Academia de Medicina em princípios de 1890, onde os Drs. Costa Ferraz, Clemente

---

30. F. F. de Macedo, *op. cit.*, p. 99. Vejam-se, no mesmo sentido, as considerações do Dr. L. C. de Azevedo (*op. cit.*, p. 212).

31. Cf. *Anais Brasilienses de Medicina*, Rio, Tip. de F. de Paula Brito, 1851, vol. VI, n.º 2, nov. 1850, pp. 42-43.

32. Cf. Parecer n.º 137 da Comissão de Saúde da Câmara dos Srs. Deputados apresentado pelos Exmos. Srs. Lima Duarte e Felício dos Santos em sessão de 19.08.1879 e aprovado pela mesma Câmara, in *Diário Oficial*, n.º 222, 20.08.1879, p. 14.

Ferreira, Pinto Portella e Érico Coelho defendem a posição antiregulamentarista, a partir de uma argumentação que procura demonstrar as falhas e o fracasso das tentativas de alguns países europeus no sentido de regulamentar a prostituição.[33]

Os médicos anti-regulamentaristas definem a prostituição como uma doença que, ocasionada por elementos identificáveis e combatíveis — tais como a falta de orientação religiosa, a ignorância, a miséria —, representa uma ameaça para a saúde da população fixada nos grandes núcleos urbanos. A prostituição — nem inevitável, nem necessária — é unicamente concebida como um *mal* que *pode* e *deve* ser *eliminado* da sociedade. O projeto de regulamentação é condenado como um tratamento inadequado e seus defensores são acusados de, diagnosticando o mal como inevitável e necessário, não atacarem as causas da doença, criando condições para a sua persistência.

> "Alguns governos da Europa, impotentes contra um vício originado da imoralidade que labora na população das grandes cidades e do proletarismo, conseqüência dos erros econômicos enraizados na sociedade, reconhecendo a prostituição como uma transudação inevitável, têm procurado *canalizá-la*, por assim dizer, regulamentando-a, tolerando-a com medidas de polícia geral e sanitária, determinando as condições com que ela se possa exercer sem maiores inconvenientes para a população...
> Há mesmo quem lhe ache certas vantagens sociais...
> A comissão rejeita essa doutrina de um positivismo grosseiro!"[34]

Para os que se opõem às medidas de polícia médica, regulamentar significa legalizar o mal. Regulamentar implica não só

---

33. Cf. *Boletim da Academia de Medicina do Rio de Janeiro*, Rio, Imprensa Nacional, 1891, n.os 9 e 10, jan. e fev. 1890, ano V, pp. 60-73. Na ocasião, o Dr. F. F. da C. Ferraz elabora uma memória onde apresenta, de forma sistemática, os argumentos contrários à regulamentação da prostituição (F. F. da C. Ferraz, "Da regulamentação da prostituição", in *Anais da Academia de Medicina do RJ*, Rio, Laemmert, 1890, vol. LV, pp. 259-278).
34. Parecer n.º 137, *op. cit.*, p. 14.
Vejam-se, no mesmo sentido, as considerações do Dr. Costa Ferraz, *op. cit.*, pp. 259-260 e 276-277.

tolerar a prostituição mas também favorecê-la, tornando-a mais ameaçadora. A regulamentação, através da inscrição e da visita médica, transformaria um comércio "imoral" e "infame" numa profissão regular e legítima e, ao invés de combater o *mal*, ampliaria os riscos de *contaminação*.
Por outro lado, a regulamentação é vista como um atentado à liberdade individual. Segundo o Dr. Costa Ferraz, as medidas regulamentares postas em prática na França reduziram a prostituta a "uma espécie de detrito", sem qualquer direito, restando-lhe apenas "...o dever de submeter-se aos agentes da chamada polícia dos costumes, ao dispensário, e finalmente à masmorra de S. Lázaro!!"[35] O hospital S. Lázaro, concebido como símbolo da regulamentação, é freqüentemente identificado, pelo autor, à prisão e à masmorra, chegando mesmo a ser caracterizado como "uma nova Bastilha". Submetendo a prostituta a um esquema arbitrário de vigilância e perseguição,

"...a lei de regulamentação...escravizará a mulher livre a ponto de quando doente, mesmo sendo a vítima, considerá-la criminosa e sujeita à prisão sem livramento!"[36]

O caráter antiliberal das medidas regulamentares poderia, ainda, ser detectado, segundo o autor, na previsão exclusiva de punição da mulher. Neste sentido, a regulamentação é vista como fruto do

"...autoritário republicanismo da centralização francesa, onde o homem só tem direitos e a infeliz mulher, até mesmo quando vítima e doente, é transformada em culpada!"[37]

Como podemos observar, a partir dos princípios de *liberdade* e de *igualdade*, o autor chega a formular uma crítica à situação de submissão da mulher. Aliás, é preciso ressaltar que, neste sentido, os opositores da regulamentação iriam mais longe do que os médicos regulamentaristas. Depositando sua confiança na "dignidade" e na "justiça" do governo republicano, o professor Gabizo acredita que, "depois de extinta, para a glória da

---

35. F. F. da C. Ferraz, *op. cit.*, p. 264.
36. Ibid., p. 272.
37. Ibid., p. 264.

nossa civilização, a escravidão dos negros, nós, brasileiros, jamais veremos a escravidão ominosa da mulher".[38]

Tomando como ponto de referência as experiências realizadas em países europeus, os médicos anti-regulamentaristas procuram demonstrar o caráter ineficaz e, até mesmo, nocivo dos resultados obtidos com a regulamentação sanitária da prostituição: o crescimento da prostituição e o aumento da contaminação sifilítica.

Segundo o Dr. Costa Ferraz, a perspectiva de normatizar o espaço da prostituição pública, através de medidas de caráter policial e higiênico, implicaria a oficialização do bordel que, longe de transformá-lo em espaço higienizado, capaz de cumprir uma função saneadora, o converteria em espaço de conservação e disseminação do vício. Neste sentido, a regulamentação é vista como elemento responsável pelo aumento do número de prostitutas públicas, na medida em que, dando "existência legal ao lupanar", criou condições propícias para a especulação em torno de um empreendimento que se tornava cada vez mais lucrativo.

Mais grave ainda seria o fato de que, legalizando o bordel, promoviam-se condições favoráveis à expansão da prostituição clandestina, concebida em seu significado mais amplo. Nos debates que tiveram lugar na sessão de 6 de fevereiro de 1890 na Academia de Medicina, o Dr. Costa Ferraz, citando o Professor P. Dubois, denuncia as transgressões que

> "...nesses antros se cometem contra os regulamentos, que, proibindo a entrada de mulheres de fora nessas casas, elas contudo aí penetram, para darem pasto ao imundo vício do safismo, tribadismo e outros!"[39]

A inscrição, voluntária ou obrigatória, da prostituta é concebida como um "salvo-conduto à devassidão" que, fornecido sem restrições pelo próprio poder público, ao invés de se constituir numa medida *moralizadora,* contribuía para "escandalizar o decoro público", incentivando a prostituição de mulheres maiores e me-

---

38. P. Gabizo, "Sobre a Regulamentação da Prostituição", in *O Brazil-Médico*, Rio, Ano IV, vol. IV, 1890, p. 69.
39. Boletim..., *op. cit.*, p. 73.

nores, solteiras e casadas, revelando-se, ainda, como um obstáculo à reabilitação da prostituta. Ao receber a carta que lhe daria "entrada na devassidão", a prostituta ficaria para sempre marcada pelo "ferrete da ignomínia e do desprezo". Deste modo, o Dr. Costa Ferraz condena a ação dos médicos regulamentaristas, acusando-os de manifestarem "...o desejo de manter e perpetuar o vício, em vez de tentar extirpá-lo da sociedade".[40]

A partir da perspectiva de que a regulamentação contribui para o desenvolvimento da prostituição, os médicos anti-regulamentaristas consideram-na como uma medida totalmente ineficaz no combate às moléstias venéreas, cujo principal foco de difusão situa-se na prostituição. Citando as opiniões emitidas por diversos médicos europeus no Congresso da Federação Britânica Continental, realizado em Genebra, a 10 de setembro de 1889, o Dr. Clemente Ferreira procura demonstrar a precariedade e as inconveniências das medidas sanitárias na redução dos índices de contaminação sifilítica.[41] No mesmo sentido, para o Dr. Costa Ferraz, o projeto de regulamentação, ao desprezar os meios capazes de

"...diminuir a fonte da infecção específica, ao contrário, se lhe oferece os mais apropriados laboratórios para a sua preparação e, como único neutralizador, só apregoam os regulamentaristas o exame médico e a prisão de S. Lázaro, como purificador!"[42]

Assim, as visitas médicas obrigatórias e regulares, bem como a criação de hospitais especializados no tratamento da prostituta portadora de moléstias venéreas, são violentamente criticadas pelos médicos anti-regulamentaristas como medidas completamente inadequadas ao combate da propagação da sífilis. A execução das medidas de caráter higiênico pressupõe a criação de "...um serviço médico encarregado da vigilância, com uma corte de empregados sob o nome de brigada de costumes".[43] Ineficazes, tais medidas teriam, segundo o Dr. Érico Coelho,

---

40. F. F. da C. Ferraz, *op. cit.*, p. 267.
41. Cf. Boletim..., *op. cit.*, pp. 65-67.
42. F. F. da C. Ferraz, *op. cit.*, p. 277.
43. Ibid., p. 261.

AS PROPOSTAS DE CONTROLE DA PROSTITUIÇÃO 123

como finalidade apenas "... abrir empregos para a apresentação de um aluvião de candidatos".[44]

Para o Dr. Costa Ferraz, a inscrição, a submissão da prostituta a exames médicos periódicos, com o objetivo de liberar ou interditar seu corpo para a atividade sexual, e a internação em hospitais específicos, além de se configurarem como meios ineficazes na contenção da sífilis, contribuem também para a manutenção e expansão da "impudicícia".

"... para os regulamentaristas pouco importa a moral..., contanto que se iluda a imaginação, pretendendo-se alcançar a diminuição da infecção específica, e, para se conseguir esse *desideratum,* se escancaram todas as portas do mais feroz e crapuloso deboche! Singular raciocínio e fatal cegueira!"[45]

De acordo com o ponto de vista dos médicos anti-regulamentaristas, a prostituição deveria ser combatida, através da repressão legal e policial, visando, senão ao extermínio, pelo menos, à redução do *mal.* Neste sentido, o Dr. Enio Coelho afirma que "a impudicícia, como a vadiagem, para ser reprimida não precisa de leis especiais...".[46] Para os Drs. Felício dos Santos e José de Lima Duarte, a guerra à prostituição, "ato de legítima defesa da sociedade", não exigiria providências especiais do Poder Legislativo Geral, já que, enquanto atentado à saúde, à moralidade e à tranqüilidade públicas, constituía-se em objeto de polícia municipal. Além disso, recomendam a aplicação do Art. 280 do Código Criminal, que pune as práticas consideradas atentatórias à moralidade pública.

Fazendo questão de sublinhar que a liberdade apregoada não é a "licença em matéria de costumes", o Dr. Costa Ferraz resume bem a proposta de controle da prostituição, formulada por aqueles que se opunham à regulamentação:

---

44. Boletim..., *op. cit.,* p. 73. Segundo o Dr. Costa Ferraz, "a regulamentação da impudicícia só tem tido um grande valor: criar mais empregos e arranjar afilhados" (*op. cit.,* p. 265).
45. F. F. da C. Ferraz, *op. cit.,* p. 272.
46. Boletim..., *op. cit.,* p. 73.

"...com o argumento irresistível dos fatos, entendem que, em vez das medidas arbitrárias contra desgraçadas que a miséria ou os instintos viciosos obrigam a fazer comércio de seu corpo, pelo império e aplicação do direito comum, se chegará ao resultado que, pela liberdade..., devem os povos inscrever nas suas constituições ao lado da liberdade de pensar, da liberdade de falar e de escrever".[47]

O Estado deve promover o *bem* e assegurar a justiça. Assim, jamais poderá favorecer o *mal,* tolerando e legalizando a prostituição... A regulamentação sanitária não seria o remédio mais adequado para a *doença*...

O consenso em torno das medidas profiláticas

As propostas de controle não se restringiam à ação direta sobre a prostituição pública. Previa-se também a implantação de medidas preventivas que visavam conter o crescimento do número de prostitutas que, segundo os médicos, vinha ocorrendo na cidade do Rio de Janeiro. É importante notar que, quanto às medidas profiláticas da prostituição, a divisão entre regulamentaristas e anti-regulamentaristas desaparece.

A falta de educação moral é apontada como uma das principais causas da prostituição. Deste modo, a educação moral não só da mulher, mas também do homem, é consensualmente destacada como o meio profilático mais importante para conter o aumento do número de prostitutas.

À família é conferido o papel prioritário no sentido de proporcionar à criança uma educação saudável, baseada em rígidos princípios morais, capazes de conter a livre manifestação dos *instintos viciosos*. Para que a família cumprisse esta função, a vida cotidiana do lar não poderia ser um cenário de *procedimentos imorais*. O Dr. Siqueira Filho, por exemplo, aponta como uma das causas determinantes da prostituição os maus exemplos de certos pais viúvos, separados ou amasiados que, através de "cenas escandalosas e atos ofensivos ao pudor", despiam o lar

---

47. F. F. da C. Ferraz, *op. cit.*, p. 260.

doméstico da "santidade da família legítima".[48] O hábito de utilizar uma extensa criadagem, composta de escravos e agregados, é condenado pelo médico, à medida que é considerado um aspecto prejudicial à intimidade e à moralidade das relações familiares.

> "Há nas famílias desta cidade o censurável uso dos *moleques copeiros*, que são uma espécie de *fac totum* de muitas meninas, de bastantes moças e de algumas senhoras. Estes *copeiros*... conhecem todo o movimento da casa, sabem todas as particularidades de seus senhores ou amos, penetram em todos os lugares sem escolher hora, ocasião e conveniência... É de fácil compreensão que há de chegar pelo menos uma vez em que... surpreenderão em seus aposentos as amas ou senhoras nas posições livres e inconvenientes que lhes outorga o sono em seus leitos; outras vezes hão de encontrá-las à discrição em seus banhos; hão de ter ciência de seus segredos e assim tornam-se cofres preciosos de mil outras *bagatelas* que, reunidas, dão em resultado valores fabulosos e tais que podem comprar com eles a honra de um casal, o decoro de uma família e a dignidade social!"[49]

É inegável o grau de sofisticação do controle que se pretendia exercer. Penetrando nos recantos mais íntimos do cotidiano das relações domésticas, o médico desejava eliminar todas as práticas que fugissem aos padrões definidores do modelo da *família higiênica,* única capaz de levar a bom termo a missão educadora.

A instrução intelectual e religiosa não seria, contudo, de responsabilidade exclusiva da família. Os estabelecimentos de ensino, os preceptores e os padres também deveriam desempenhar um papel de destaque na formação moral do indivíduo. Tarefa que, no entanto, não vinham realizando de modo satisfatório.

Referindo-se aos colégios do Rio de Janeiro, o Dr. L. C. de Azevedo afirma:

---

48. Cf. J. de G. e Siqueira Filho, *op. cit.,* pp. 45-46.
49. F. F. de Macedo, *op. cit.,* pp. 112-113.

"É aí, nessas casas chamadas de educação e de instrução, que a nossa mocidade perde a saúde em trabalhos irregularmente estabelecidos, e perde a energia varonil, entregue a uma indolência egoísta e reprovável".[50]

A educação deveria ser promovida por instituições higienizadas, capazes de proporcionar à criança e ao jovem uma formação *sadia*, através de métodos de ensino que "conciliassem, de forma equilibrada, o exercício da mente, o exercício do espírito e o exercício do corpo".[51] Situando as origens da moral na "...crença, que se chama fé em religião, exemplo no teatro e conhecimentos científicos e literários na instrução", o Dr. J. F. de Souza aponta como principais aspectos responsáveis pela *imoralidade* e, portanto, pela disseminação da prostituição na cidade do Rio de Janeiro, a falta de fé, a inexistência de um teatro sadio e as deficiências dos estabelecimentos de ensino. Penetrando nos espaços da fé, do exemplo e dos conhecimentos científicos e literários, o olho clínico do médico julga num tom todo-poderoso...

"Eis o estado a que os ministros da igreja reduziram as crenças deste bom povo: no interior do Brasil à corrupção, nas cidades, ao desprezo.
(...)
A triste decadência do nosso teatro, de glórias assaz efêmeras, vai sendo também, o que é bastante prejudicial, o ocaso de muitos talentos, voltados hoje a essa política estéril, que intencionalmente os acaricia temerosa do futuro.
(...)
As escolas são como aqueles frutos de que muito falam os poetas, de aparência magnífica e âmago podre".[52]

Embora os médicos se refiram à importância da educação moral dos indivíduos de ambos os sexos como meio preventivo da prostituição, a ênfase recairia sobre a formação da mulher. Os princípios morais nela incutidos, através de uma educação bem dirigida, conforme os padrões higiênicos, fortaleceriam o

---

50. L. C. de Azevedo, *op. cit.*, p. 217.
51. Cf. M. A. H. de Sá, *op. cit.*, pp. 15 e ss.
52. J. F. de Souza, *op. cit.*, pp. 377, 379-380.

sentimento de pudor e, ao mesmo tempo, debilitariam a indolência, a vaidade e a ambição, combatendo, assim, a tendência aos excessos dos instintos. A mulher, pelas características específicas de sua natureza, predispõe-se a ser tanto "cativa do lar" quanto "livre e perdida". Daí a necessidade fundamental de lhe proporcionar uma educação moral consistente, capaz de assegurar a preservação do sentimento de pudor, pois só através dele a mulher "pode chegar fisiologicamente a seu *desideratum*", ou seja, *ser mãe*.[53] Mesmo quando a mulher se prostitui pela miséria e pela fome, ela só o faz em decorrência da ausência ou da má orientação moral. No mesmo sentido, para o Dr. Costa Ferraz, é preciso proporcionar à mulher uma educação sólida e completa, compreendendo não só os aspectos físico e intelectual, que deveriam ser assegurados pelo Estado, mas também o aspecto moral diretamente relacionado à difusão da doutrina cristã. A moral cristã, condenando o vício, ensinando a parcimônia, santificando a união dos dois sexos, enfim, disseminando a esperança de felicidade depois da morte, apresenta-se como instrumento profundamente eficaz para evitar que a mulher se prostituísse. Assim, o autor conclui:

> "Iluminemos, pois, o coração da mulher com essa luz, que tem todos os poderes para reabilitar todas as decadências e glorificar todos os sacrifícios!"[54]

Como podemos observar, o discurso médico mantém-se, claramente, fiel aos princípios cristãos sem, contudo, deixar de manifestar um tom fortemente anticlerical.

Proporcionar uma formação profissional à mulher seria um meio preventivo da prostituição tão importante quanto assegurar-lhe uma orientação moral consistente. Para o Dr. Francisco de Souza, apesar de possuir "limites naturais ao desenvolvimento intelectual" — tais como "composição inadequada dos centros nervosos, índole imaginosa e imprópria para o estudo e a meditação" —, a mulher deveria ser instruída através de estudos

---

53. Ibid. pp. 350-352.
54. F. F. da C. Ferraz, *op. cit.*, p. 278.

que, sem comprometerem "outras funções que lhe são mais próprias", lhe assegurassem o dever e o direito ao trabalho.[55]

A ampliação das possibilidades de acesso da mulher às ocupações consideradas honestas e lícitas é apontada como um medicamento básico na profilaxia da prostituição. Deste modo, o *trabalho* é insistentemente recomendado como o meio mais eficaz para prevenir a prostituição causada pela miséria. Defendendo a necessidade de "organização de um trabalho apropriado" e do "estabelecimento de fábricas", o Dr. Siqueira Filho designa o trabalho fabril como mais adequado do que o agrícola para a mulher brasileira que, pelos efeitos do clima, possuía uma constituição física "débil".[56] Ao governo é cobrada a responsabilidade de promover a ampliação das possibilidades de emprego para a mão-de-obra feminina, "protegendo", assim, "com o trabalho, o ente fraco contra os ardis e as seduções do homem e... roubando um fator à prostituição..."[57] Às "raparigas necessitadas" deveriam ser dadas oportunidades de emprego nas fábricas, oficinas, telégrafos, tipografias etc.[58] O Dr. Costa Ferraz iria ainda mais longe propondo que, "em vez de aviltarmos a mulher, abramos-lhe espaço para que ela possa concorrer com o homem em todos os ramos de sua atividade..."[59] Dentre as medidas reclamadas ao Governo Provisório pela Academia de Medicina em 1890, incluía-se:

> "Proteção para o proletariado feminino, procurando desenvolver o mais possível a atividade, aproveitando (a mulher) em todas as profissões e empregos compatíveis com o seu sexo e suas habilitações, para assim evitar-lhe a miséria, causa eficaz da prostituição".[60]

A intenção de conter a prostituição através da *instrução profissional* e do *trabalho* tem como alvo prioritário a mulher pobre, que

---

55. Cf. J. F. de Souza, *op. cit.*, p. 354.
56. J. de G. e Siqueira Filho, *op. cit.*, p. 42.
57. A. J. P. de S. Araújo, *op cit.*, p. 252.
58. Cf. J. M. Caminhoá, *op. cit.*, p. 411.
59. Boletim..., *op cit.*, p. 73.
60. "Relatório dos Trabalhos da Academia Nacional de Medicina pelo Dr. A. J. P. de S. Araújo", in *op. cit.*, p. 32.

para ser considerada *saudável* deveria ser capaz não só de desempenhar o papel de *esposa/mãe*, mas também o de exercer uma atividade *produtiva*. Contudo, os médicos não conseguiriam estabelecer uma conciliação harmoniosa entre estes dois papéis. Como vimos, muitas vezes, o ideal de esposa/mãe se oporia, explicitamente, às ocupações femininas remuneradas. É o que acontece, por exemplo, quando as atividades exercidas pelas mulheres pobres da cidade do Rio de Janeiro — tais como floristas, parteiras, costureiras, enfermeiras etc. — são associadas, no discurso, à prostituição.

A recuperação da prostituta e as medidas regeneradoras

A *reabilitação* da prostituta apresenta-se como um ponto essencial para os médicos que se opõem à regulamentação sanitária da prostituição. Para o Dr. Costa Ferraz, por exemplo, a pregação da doutrina cristã revela-se como um recurso importante, não só para evitar que a mulher se prostituísse, mas também para promover a *regeneração* da prostituta.[61]

Para a maioria dos médicos que definem a prostituição como um *mal inevitável* e *necessário*, a *reabilitação* da prostituta seria impossível. Assim, abstendo-se de formular propostas neste sentido, tendem a assumir que

> "O dever do médico cristão cifra-se hoje somente a lembrar medidas que façam os obreiros da desgraça menos desgraçados e desprotegidos. Que comam esses entes o pão cotidiano ganho à custa de um sacrifício que custa horrores de hesitação e de vergonha, mas que se tornou frio hábito maquinal, com mais calma e mais certeza de que há nas sábias leis de seu país artigos que lhes concede inspetores para a sua saúde, e autoridade severa e paternal que as não esqueça, nem as maltrate".[62]

O objetivo de *preservar* a prostituição como espaço *útil* é reforçado pela intenção, claramente explicitada, no sentido de *melhorar* as condições de vida da prostituta.

---

61. Cf. F. F. da C. Ferraz, *op. cit.*, pp. 276 e ss.
62. Cf. L. C. de Azevedo, *op. cit.*, p. 220.

Entretanto, sem deixar de manifestar esta mesma intenção, alguns destes médicos incluem entre as propostas de controle da prostituição medidas de caráter *regenerador*. Para o Dr. Siqueira Filho, por exemplo, a *atividade produtiva* não seria apenas um meio preventivo, mas também de reabilitação e, desse modo, dever-se-ia tentar incutir, na prostituta, o amor ao *trabalho*, através de prédicas, conferências e escolas apropriadas.[63] Como o menino, o mendigo e o louco, a prostituta deveria ser recolhida em asilos, pois

> "...no isolamento a que devem ser condenadas, é mais fácil, sob o ponto de vista moral, a regeneração delas, ou pelo menos um limite à expansão do deboche".[64]

Previa-se, ainda, o incentivo à criação de associações que tivessem por fim promover a regeneração da prostituta. Em 1890, a Academia de Medicina recomendaria ao Governo Provisório o estímulo

> "...a todas as associações, leigas ou religiosas, que se propuserem à instrução e à proteção dos menores de ambos os sexos, e das que se dedicarem à conversão das meretrizes, afastando-as do vício e aplicando-as ao trabalho honesto e regular da sociedade".[65]

As associações que se dispusessem a "reabilitar as prostitutas" deveriam ser compostas por "senhoras de boa classe", de preferência casadas, pois

> "O título de mulher casada, e sobretudo de mãe de família, inspira a essas mulheres um respeito todo particular. A mulher casada pode, sem se comprometer, usar de linguagem estranha à boca de uma religiosa, e é esta linguagem que produz muitas vezes efeito mágico sobre o fraco espírito dessas infelizes".[66]

---

63. Cf. J. de G. e Siqueira Filho, *op. cit.*, pp. 42 e 49.
64. J. F. de Souza, *op. cit.*, p. 381. Cf., também, J. de G. e Siqueira Filho, *op. cit.*, pp. 21-22 e 30-31; A. J. P. de S. Araújo, *op. cit.*, p. 251.
65. "Relação dos Trabalhos da Academia Nacional de Medicina pelo Dr. A. J. P. de S. Araújo", in *op. cit.*, p. 32.
66. J. de G. e Siqueira Filho, *op cit.*, pp. 61-62.

Muito mais próximas do médico e sujeitas à sua influência, as mulheres casadas revelam-se, potencialmente, emissárias mais eficazes do que as religiosas, submetidas estas últimas a uma outra esfera de poder.

* * *

De um modo ou de outro, seja defendendo a regulamentação sanitária, seja se opondo a ela, os médicos manifestam uma preocupação no sentido de não *pisar em seara alheia* ao incorporarem a temática da prostituição, não só no campo do *saber,* mas também do *fazer* médico. Os defensores da regulamentação chegam mesmo a definir os limites da atuação cabível a cada uma das esferas de poder na viabilização das medidas normatizadoras da prostituição.

Entretanto, para *conhecer, classificar* e *controlar* a prostituição, o médico formula um discurso onde se revela não apenas o higienista, mas também o historiador, o legislador, o educador, o político. Apesar de se negarem a "devassar o campo da economia política e do direito administrativo",[67] os médicos regulamentaristas acabam, efetivamente, por sistematizar as sugestões *mais adequadas* para converter a prostituição em espaço *higienizado.* Alguns deles chegam mesmo a indicar os meios punitivos que deveriam assegurar o cumprimento das normas propostas. Nas "disposições sugeridas para o regulamento" do Dr. Siqueira Filho, por exemplo, são previstas as penas de multa e de prisão para as prostitutas que se apresentassem com atraso ou faltassem às visitas sanitárias e para as que exercessem a atividade tendo sido julgadas portadoras de moléstia sifilítica ou contagiosa.[68] No mesmo sentido, o Dr. Caminhoá indica como meios coibitivos aplicáveis às prostitutas que atentassem contra a moralidade pública os conselhos e escritos em linguagem fácil, o termo de bem-viver e a deportação, aplicáveis gradativamente.[69]

As variações quanto aos meios diretos de controle da prostituição pública revelam gradações que, situadas num mesmo universo

---

67. H. A. L. Cunha, *op. cit.*, p. 58; veja-se, também, J. A. de A. Macedo Jr., *op. cit.*, p. 45.
68. Cf. J. de G. e Siqueira Filho, *op. cit.*, pp. 105-106.
69. Cf. J. M. Caminhoá, *op. cit.*, p. 372.

discursivo, apresentam-se como um aspecto indicador da diversidade que caracterizaria a formulação de um projeto de normatização higiênica da cidade pela comunidade médica do Rio de Janeiro. Tanto os defensores quanto os opositores da regulamentação sanitária da prostituição revelam perspectivas inspiradas no pensamento liberal. Caracterizar os primeiros como antiliberais seria pura e simplesmente reproduzir a acusação dos anti-regulamentaristas. Parece-nos, pois, que o conflito entre os dois pontos de vista tende a expressar diferentes posicionamentos quanto ao papel que deveria caber ao poder público na *modernização* da cidade. Conforme observaram S. Pechman e L. Fritsch,

> "A grande cidade do século XIX... discutia as alternativas de como modernizar-se não apenas em termos de qual *classe social* deveria liderar este processo, mas também em termos da ponderação que nele teriam o *público* e o *privado*".[70]

Neste sentido, a perspectiva *individualista* — que se caracterizava pela oposição à ação do poder público — se opunha à *coletivista* — que defendia o controle público sobre a ação privada. Ambas as perspectivas expressavam divisões no interior do próprio campo do liberalismo: assim como os liberais-ortodoxos tendiam a assumir a defesa do individualismo, os liberais progressistas se batiam pelo coletivismo. Para ilustrar as diferenças entre as duas posições, S. Pechman e L. Fritsch citam como exemplo as idéias de Spencer e de E. Chadwick. O primeiro,

> "...expressão máxima do anticoletivismo liberal... condenava até mesmo a nomeação pelo Estado de inspetores para fiscalizar as condições de higiene em que eram fabricados alimentos com os quais a população se abastecia".

---

70. S. Pechman e L. Fritsch, "A Reforma Urbana e seu Avesso: Algumas Considerações a Propósito da Modernização do Distrito Federal na Virada do Século", in *Revista Brasileira de História*, São Paulo, ANPUH/Marco Zero, vol. 5. n.os 8/9, set. 1984/abr. 1985, p. 143.

AS PROPOSTAS DE CONTROLE DA PROSTITUIÇÃO

Por outro lado, Chadwick defendia a necessidade de "uma administração pública uniforme e centralizada" como o meio mais eficaz no combate às

"...más condições higiênicas, decorrentes da existência de habitações insalubres e precários equipamentos de água e esgoto (que), provocavam um alto índice de mortalidade, além de produzir males como o alcoolismo, a prostituição, a delinqüência".[71]

Estas tendências estariam presentes e marcariam profundamente as discussões em torno do projeto de *modernização* da cidade do Rio de Janeiro.[72]

Partindo da perspectiva coletivista, os médicos regulamentaristas propõem, ao invés dos mecanismos legais já existentes, que genericamente puniam a *imoralidade*, a *vadiagem* etc., a elaboração de leis especiais, onde o controle da prostituição — definida como uma *ameaça específica* — é previsto de acordo com a classificação dos *perigos* que ela representa. Além disso, o projeto regulamentarista apresenta-se como uma forma de controle mais sofisticada, à medida que, partindo do pressuposto de que a prostituição é um *mal inevitável e necessário*, propõe, ao invés da *extinção*, a sua *conversão* em *espaço útil* para a sociedade.

Tal perspectiva confere, explicitamente, ao médico um papel essencial no controle da prostituição:

"...aos médicos do corpo social compete convergir todos os seus cuidados a fim de minorar-lhe os efeitos, e mesmo aproveitar-se deles, convertendo em benefício para o mesmo corpo social".[73]

Enfatizando a correspondência entre a *higienização* da prostituição e a redução dos índices de contaminação sifilítica, a argumentação pró-regulamentarista procurava, ainda, assegurar ao médico um papel específico no controle da prostituição, ampliando e consolidando as bases de seu poder. Deste modo, os médicos

---

71. Ibid., pp. 144 e 145, respectivamente.
72. Cf. ibid., pp. 165 e ss.
73. M. A. H. de Sá, *op. cit.*, p. 31.

defensores da regulamentação pretendiam assumir a posição de condutores do processo de *normatização* da prostituição pública.

Por outro lado, negando a concepção segundo a qual a prostituição é um *mal necessário* e questionando a eficácia da regulamentação sanitária como capaz de assegurar a redução da contaminação sifilítica, a postura anti-regulamentarista, marcada pelo individualismo, não definia para o médico um lugar específico no controle direto da prostituição pública.

De qualquer forma, seja conferindo ao médico um papel definido no combate à prostituição, seja negando qualquer tarefa ao médico neste sentido, o fato é que se fala da prostituição... E fala-se da prostituição concebida como um objeto que transcende o significado de doença física... Preocupado em delimitar o campo do falar sobre a prostituição exclusivamente como matéria de higiene, ou definindo-a como objeto de outros campos do saber, independentes do da medicina, o médico elabora um discurso sobre a prostituição no qual, de fato, invade as *searas alheias*...

Em meio às mudanças que alteraram, profundamente, o perfil do Rio de Janeiro, no decorrer do século passado, os médicos se dedicavam a formular, ao lado de outros segmentos da intelectualidade, um projeto de *modernização* da cidade, de acordo com padrões e valores burgueses *importados* da Europa.[74] No confronto de 1890, entre regulamentaristas e anti-regulamentaristas, os objetivos mais abrangentes de ambas as perspectivas unem-se em torno de um ponto comum: a grande tarefa *cívica* do governo republicano deveria se orientar no sentido de promover a *modernização* da sociedade. Para o Dr. Moura Brazil, defensor apaixonado da regulamentação sanitária da prostituição,

> "No sistema decaído uma grande força foi sempre invencível obstáculo à realização dessa medida; hoje, porém, que esse obstáculo desapareceu, confio que o governo, tendo no seu seio homens da mais elevada mentalidade, que tiveram já o civismo de resolver questões agitadas há dezenas de

---

74. Vejam-se, neste sentido, J. L. Benchimol, *Pereira Passos — Um Haussmann Tropical*, Rio, Dissertação de Mestrado, UFRJ; mimeo.; S. Pechman e L. Fritsch, *op. cit.*; O. P. Rocha, *A Era das Demolições*, Niterói, Dissertação de Mestrado, UFF, 1983, mimeo.

anos, como as da grande naturalização, e outras que tanto deverão contribuir para o engrandecimento do país, não deixará por mais tempo sepultado no pó dos arquivos das sociedades científicas e da política, medida que tanto interessa a salubridade pública".[75]

Enquanto o Dr. Costa Ferraz, defendendo a perspectiva contrária, afirmava:

> "Em vez de pedirmos leis novas antes devemos desejar que se cumpram as que existem, e para isso basta que, em vez da República, como a monarquia, tratar de fazer lugares para os homens, ela faça homens para os lugares, e isso só se consegue, jamais com a corrupção, mas infiltrando-se no sangue nacional a energia de caráter, o civismo, e o patriotismo.
> Transformar vassalos em cidadãos — tal deve ser antes a grande e patriótica missão da República".[76]

A confiança no novo regime, bem como a denúncia da ineficiência do antigo, partilhadas por ambas as posturas, são formuladas em torno de uma expectativa comum: transformar a cidade em espaço *saudável*. Mas, se na elaboração do diagnóstico da *doença* tendia-se para um consenso, na definição dos meios de tratamento mais convenientes e eficazes afloravam divisões e conflitos.

---

75. J. C. M. Brazil, *op. cit.*, pp. 420-421.
76. F. F. da C. Ferraz, *op cit.*, p. 273.

5.
Conclusão

Ao longo de todo o século XIX, o Rio de Janeiro passou por mudanças importantes. O crescimento populacional, a diversificação das atividades urbanas, enfim, a ampliação e complexificação de sua estrutura sócio-econômica transformavam a cidade, dia a dia, num meio novo, desconhecido e, portanto, *ameaçador*. Desde a primeira metade do século passado, o *perigo* representado pela "cidade-esconderijo", onde se tornava cada vez mais difícil distinguir escravos, libertos e pretos livres, determinou a adoção e a disseminação da estratégia da "suspeição generalizada" pelos administradores da cidade do Rio de Janeiro.[1] Ampliado e sofisticado durante o período republicano, o uso desta estratégia nas tentativas de identificar e punir o *não-trabalho* no cotidiano da cidade não escaparia à sensibilidade aguçada de Lima Barreto:

> "A polícia, não sei como e por que, adquiriu a mania das generalizações... Suspeita de todo o sujeito estrangeiro

---

1. Cf. S. Chalhoub, "Medo Branco de Almas Negras: Escravos, Litos e Republicanos na Cidade do Rio de Janeiro", in M. L. Bretas (org.), *Crime e Castigo*, Rio, FCRB, jul. 1986, vol. 2, pp. 64-89.

com nome arrevesado, assim os russos, polacos, romaicos são para ela forçosamente cáftens; todo o cidadão de cor há de ser por força um malandro..."[2]

Assumindo uma perspectiva no sentido de *civilizar* a cidade para convertê-la em espaço *higienizado*, os médicos incorporam como objetos de investigação todas as situações e pessoas que, consideradas geradoras e/ou disseminadoras da *desordem*, são colocadas sob suspeição. Além de identificada aos "tipos sociais" diagnosticados como perturbadores da ordem e da tranqüilidade públicas, a condição feminina confere especificidade à prostituta, aprofundando a suspeição que recai sobre ela. No caso das mulheres, o comportamento *estranho*, compreendendo todas as atitudes e posturas que não se ajustassem ao ideal de esposa/mãe, "aparece muito mais transgressivo: não o anti-social, mas o antinatural".[3]

Como vimos, a prostituição é incorporada no âmbito da reflexão médica como uma *doença*, cujo sentido transcende o *ato de vender o corpo*. Foco de *contaminação sifilítica*, núcleo de disseminação da *imoralidade*, espaço da *ociosidade*, enfim, atentado "à persistência monetária que constitui o patrimônio das famílias e da sociedade",[4] a prostituição é classificada como *ameaça* à saúde *física*, *moral* e *social* do conjunto da população urbana e, enquanto tal, deve ser controlada.

O compromisso dos médicos que trataram da questão da prostituição com um projeto mais abrangente parece evidenciar-se, por exemplo, na preocupação que manifestam, consensualmente, quanto aos meios preventivos que deveriam ser empregados no combate à *doença*. Neste sentido, o seu alvo prioritário consiste no conjunto das práticas sexuais conceituadas como *anormais* — que incluíam não apenas a *pederastia*, o *lesbianismo*, o *tribadismo*, o *safismo*, a *sodomia*, o *onanismo*, mas também a *poligamia*,

---

2. L. Barreto, *O Cemitério dos Vivos*, São Paulo, Brasiliense, 1956, pp. 151-152.
3. M. C. P. Cunha, *O Espelho do Mundo*, Rio, Paz e Terra, 1986, pp. 144-145.
4. J. F. de Souza, "Memória sobre as Medidas a Adotar Contra a Prostituição no País", in *Anais Brasilienses de Medicina*, Rio, Laemmert, 1877, vol. XXVIII, p. 375.

CONCLUSÃO

a *mancebia,* o *concubinato,* o *adultério.* A profilaxia da *doença da prostituição* implica uma atuação relevante do médico nos mais variados campos que compõem o universo da sociedade urbana. Ao se atribuir o direito e o dever de zelar pelo desempenho correto e saudável de papéis cabíveis a instituições tais como a família, a escola e a igreja, o médico cria bases concretas para o exercício de um poder específico, procurando torná-lo necessário e legítimo.

No que se refere ao tratamento da prostituição, concebida num sentido mais restrito, os métodos sugeridos e os fins perseguidos expressam, como vimos, pelo menos duas tendências distintas: a normatização, através de um regulamento sanitário, e a extinção, através da repressão policial. De qualquer forma, seja defendendo a regulamentação, seja se opondo a ela, as abordagens médicas da prostituição expressam, muitas vezes, um confronto entre o ponto de vista do *cientista* e a concepção do *moralista cristão,* assumindo, sempre, um tom anticlerical. A incorporação da prostituição como objeto do *saber* e do *fazer* médicos situa-se num universo discursivo complexo, marcado não só pelas continuidades e descontinuidades que expressam as profundas transformações determinadas pela desagregação da sociedade escravista, mas também pelas contradições e ambigüidades localizadas no próprio âmbito do ideário burguês. Prescrevendo meios profiláticos contra a prostituição, formulando propostas de regulamentação sanitária da prostituição pública ou sugerindo outras formas de controle, o médico dita as normas que deveriam nortear as relações familiares (entre a esposa e o esposo, o pai e a filha, a mãe e o filho), a atuação do Estado (no plano educacional, na criação e expansão do mercado de trabalho para a mulher, na proteção dos desvalidos) e o papel a ser desempenhado pela igreja. Detentor da *verdade científica,* reivindica para si o papel de orientar o processo de constituição do novo cidadão, concebido como indivíduo capaz de exercer papéis sociais — sexuais, afetivos, produtivos — enquadrados nos padrões higiênicos de conteúdo burguês; enfim, um indivíduo que já não mais cabia numa sociedade escravista.

Apesar da posição pró-regulamentarista ter sido predominante no seio da comunidade médica do Rio de Janeiro (pelo menos entre 1870 e 1890) e das medidas adotadas por alguns chefes de polícia,[5] a regulamentação sanitária da prostituição jamais seria implantada. Neste sentido, é preciso considerar a presença de diferentes perspectivas, no interior dos próprios segmentos dominantes e dirigentes, quanto à *ordenação* da cidade e ao controle dos grupos populares. É possível que tais divergências se relacionassem à existência de dois objetivos distintos: excluir ou normatizar. Contudo, os conflitos parecem assumir um perfil mais complexo. Como vimos, as divisões detectadas na comunidade médica, por exemplo, não se reduziam a uma oposição entre defensores da normatização *versus* defensores da exclusão, pois, se os anti-regulamentaristas não compartilhavam da perspectiva normatizadora da prostituição pública, ambas as posturas defendiam a prevenção da prostituição através de medidas de caráter nitidamente normatizador. Sejam quantos e quais tenham sido os projetos de controle dos habitantes da cidade considerados perigosos, formulados pelas elites, o fato é que nenhum deles chegaria a ser implantado tal como fora concebido. Isto se deve não só às referidas disputas e conflitos situados no próprio âmbito dos setores dominantes, mas também à resistência dos grupos e segmentos sociais aos quais se pretendia atingir.[6] Por outro lado, não podemos deixar de observar que muitos dos aspectos que compunham o projeto médico de normatização dos comportamentos da população urbana de um modo geral acabariam sendo efetivamente impostos. Mesmo no que se refere à prostituição, notamos que, se de um lado a violência explícita e a arbitrariedade policiais permanecem sendo as formas de repressão predominantes, de outro é possível detectar uma tendência no sentido da delimitação de áreas ou ruas na cidade especialmente destinadas à prostituição. Certamente, as reflexões e discussões médicas aqui analisadas não representaram meros delírios.

---

5. Cf. M. Rago, *Do cabaré ao Lar*, Rio, Paz e Terra, 1985; e L. C. Soares, "Da Necessidade do Bordel Higienizado", in R. Vainfas (org.), *História e Sexualidade no Brasil*, Rio, Graal, 1986.
6. Cf. S. Pechman e L. Fritsch, "A Reforma Urbana e seu Avesso: Algumas Considerações a Propósito da Modernização do Distrito Federal na Virada do Século", in *Revista Brasileira de História*, São Paulo, ANPUH/Marco Zero, vol. 5, n.os 8/9, set. 1984/abr. 1985, pp. 175 e ss.

Fontes

ANPUH/Marco Zero, vol. 5, n.ᵒˢ 8/9, set 1984/abr 1985, pp. 175 e ss.
ALENCAR, José de. *Lucíola*. 8.ª ed., São Paulo, Ática, 1983.
——————. *Senhora*. 11.ª ed. São Paulo, Ática, 1982.
AMARAL, A. F. do e Silva, E. dos S., *Consolidação das Leis e Posturas Municipais*. Rio, Tip. Paula e Souza e Cia., 1905.
ANAIS de Medicina Brasiliense. 1845-1849.
ANAIS Brasilienses de Medicina. 1849-1885.
ANAIS da Academia Imperial de Medicina. 1885-1889.
ANAIS da Academia Nacional de Medicina. 1889-1890.
ARAÚJO, A. J. P. da S. "Regulamentação Sanitária da Prostituição", in *Anais da Academia de Medicina do Rio de Janeiro*. Rio, Laemmert, 1890, t. LV.
——————. "Relatório dos Trabalhos da Academia Nacional de Medicina (1889-1890)", in *Anais da Academia de Medicina do Rio de Janeiro*. Rio, Laemmert, 1891, t. LVI.
AZEVEDO, A. *O Cortiço*. 13.ª ed., São Paulo, Ática, 1983.
AZEVEDO, L. C. de. "Da Prostituição no Rio de Janeiro", in *Anais Brasilienses de Medicina*. Rio, Tip. J. J. C. Cotrim, 1869, vol. XXI, n.º 6, nov. 1869.
BARRETO, L. *Clara dos Anjos*. 10.ª ed., São Paulo, Brasiliense, 1983.
BOLETIM da Academia de Medicina do Rio de Janeiro. Rio, Imprensa Nacional, 1891, n.ᵒˢ 9 e 10, jan. e fev. 1890, ano V.

BRAZIL, J. C. M. "Regulamentação Sanitária da Prostituição e Syphilis Ocular no Rio de Janeiro", in *Anais da Academia de Medicina do Rio de Janeiro*. Rio, Laemmert, 1890, t. LV.

CAMINHOÁ, J. M. "Memória sobre a Prophylaxia da Syphilis no Rio de Janeiro", in *Anais da Academia de Medicina do Rio de Janeiro*. Rio, Laemmert, 1890, t. LV.

COLEÇÃO das Leis do Império do Brasil. 1830-1889.

COLEÇÃO das Leis e Decretos da República dos Estados Unidos do Brasil. 1890.

CONSTITUIÇÃO Política do Império do Brasil, de 25.03.1824, in A. Campanhole e H. L. Campanhole, *Todas as Constituições do Brasil.* 3.ª ed., São Paulo, Atlas, 1978.

CUNHA, H. A. L. *Dissertação sobre a Prostituição em Particular na Cidade do Rio de Janeiro.* Rio, Tip. Imparcial de Francisco de Paula Brito, 1845.

FERRAZ, F. F. da C. "Da Regulamentação da Prostituição", in *Anais da Academia de Medicina do Rio de Janeiro.* Rio, Laemmert, 1890, t. LV.

GABIZO, P. "Sobre a Regulamentação da Prostituição", in *O Brazil-Médico.* Rio, ano IV, vol. IV, 1890.

MACEDO, F. F. de. *Da Prostituição em Geral, e em Particular em Relação à Cidade do Rio de Janeiro: Prophylaxia da Syphilis.* Rio, Tip. Acadêmica, 1872.

MACEDO JÚNIOR, J. A. de A. *Da Prostituição no Rio de Janeiro e da sua Influência sobre a Saúde Pública.* Rio, Tip. Americana, 1869.

NEVES, A. J. P. das. "Memória", in *Anais Brasilienses de Medicina.* Rio, Tip. de F. de Paula Brito, 1854, vol. IX, n.º 9, jun. de 1854.

PARECER n.º 137 da Comissão de Saúde da Câmara dos Senhores Deputados apresentado pelos Exmos. Srs. Drs. Lima Duarte e Felício dos Santos em sessão de 19.08.1879 e aprovado pela mesma Câmara, in *Diário Oficial,* 20.08.1879, n.º 222, p. 14.

PARENT-DUCHÂTELET, A. J. B. *De la prostitution dans la ville de Paris considerée sous le rapport de l'hygiène publique, de la morale et de l'administration.* 2.ª ed., Paris, Bailliére, 1837, 2 vols.

RAMOS, C. P. *Quaes as Medidas Hygienicas que se Devem Observar para Impedir o Desenvolvimento Crescente da Syphilis no Rio de Janeiro?* Rio, Imp. Industrial, 1881.

REGO, J. P. "Algumas Considerações sobre a Prostituição" in *Revista Médica Brasileira,* Rio, ano I, n.º 1, 1841.

RIO, João do. *Histórias da Gente Alegre: Contos, Crônicas e Reportagens da Belle-Époque Carioca.* Seleção, Introdução e notas de João C. Rodrigues. Rio, J. Olympio, 1981.
SÁ, M. A. H. de. *Algumas Reflexões sobre a Cópula, Onanismo e Prostituição do Rio de Janeiro.* Rio, Tip. Universal de Laemmert, 1845.
SIQUEIRA FILHO, J. de G. e. *A Prostituição na Cidade do Rio de Janeiro. Necessidades de Medidas e Regulamentos contra a Propagação da Syphilis.* Rio, Tip. da Reforma, 1875.
SODRÉ, A. (org.). *O Brazil-Médico.* 1887-1890.
SOUZA, J. F. de. "Memória sobre as Medidas a Adotar Contra a Prostituição no País", in *Anais Brasilienses de Medicina.* Rio, Tip. Universal Laemmert, 1877, vol. XVIII, n.os 8, 9 e 10, jan. 1877, fev. 1877, mar. 1877.

Bibliografia

ARIÈS, P. *História Social da Criança e da Família.* 2.ª ed., Rio, Zahar, 1981.
ARIÈS, P. e Béjin, A. (orgs.). *Sexualidades Ocidentais.* São Paulo, Brasiliense, 1985.
BARDIN, L. *Análise de Conteúdo.* Lisboa, Ed. 70, 1979.
BÉGUIN, F. "As Maquinarias Inglesas do Conforto", in vários, *Políticas do Habitat (1800-1850).* Corda, 1977, mimeo.
BENCHIMOL, J. L. *Pereira Passos — Um Haussmann Tropical: As Transformações Urbanas na Cidade do Rio de Janeiro no Início do Século XX.* Rio, Tese de Mestrado (UFRJ), mimeo.
BORDIEUR, P. *A Economia das Trocas Simbólicas.* São Paulo, Perspectiva, 1974.
BRANDÃO, B. C. e outros. *A Polícia e a Força Policial no Rio de Janeiro.* Rio, PUC, 1981 (Série Estudos, n.º 4).
BRESCIANI, M. S. M. *Londres e Paris no Século XIX: O Espetáculo da Pobreza.* São Paulo, Brasiliense, 1982.
―――――. "Lógica e Dissonância — Sociedade e Trabalho, Lei, Ciência, Disciplina e Resistência Operária", in *Revista Brasileira de História,* São Paulo, ANPUH/Marco Zero, vol. 6. n.º 11, set. 1985/fev. 1986, pp. 7-44.
―――――. "Metrópoles: As Faces do Monstro Urbano (As Cidades no Século XIX)", in *Revista Brasileira de História,* São Paulo,

ANPUH/Marco Zero, vol. 5. n°s 8/9, set. 1984/abr. 1985, pp. 35-68.

CARDOSO, C. F. S. *Ideologias y dominación social*, mimeo.

CARVALHO, J. M. de. *Os Bestializados. O Rio de Janeiro e a República que não foi*. São Paulo, Companhia de Letras, 1987.

CARVALHO, M. A. R. *Cidade e Fábrica. A Construção do Mundo do Trabalho na Sociedade Brasileira*. Campinas, 1983, mimeo. (Tese de Mestrado).

CASTELLS, M. *La cuestión urbana*. 5.ª ed., México, Siglo Veintiuno, 1978.

CHALHOUB, S. *Trabalho, Lar e Botequim. O Cotidiano dos Trabalhadores no Rio de Janeiro da Belle Époque*. São Paulo, Brasiliense, 1986.

CHAUÍ, M. *Repressão Sexual: Essa Nossa (Des)conhecida*. São Paulo, Brasiliense, 1984.

COARACY, V. *Memórias da Cidade do Rio de Janeiro*. 2.ª ed., Rio, J. Olympio, 1965.

CORBIN, A. *Les filles de noce. Misère sexuelle et prostitution aux 19.e et 20.e siècles*. Paris, Aubier Montaigne, 1978.

─────. *Saberes e Odores. O Olfato e o Imaginário Social nos Séculos Dezoito e Dezenove*. São Paulo, Companhia das Letras, 1987.

COSTA, J. F. *Ordem Médica e Norma Familiar*. Rio, Graal, 1979.

CRULS, G. *Aparência do Rio de Janeiro*. Rio, J. Olympio, 1965.

CUNHA, M. C. P. *O Espelho do Mundo*. Rio, Paz e Terra, 1986.

─────. "As Amarras da Sexualidade", in *Mulherio*. São Paulo, ano VII, n.º 29, mai./jun. 1987, pp. 12-13.

DARNTON, R. *O Grande Massacre de Gatos e Outros Episódios da História Cultural Francesa*. Rio, Graal, 1986.

DONZELOT, J. *A Polícia das Famílias*. Rio, Graal, 1980.

EDMUNDO, L. *O Rio de Janeiro do Meu Tempo*. 2.ª ed., Rio, Conquista, 1957, 5 vols.

ESTEVES, M. de A. *Meninas Perdidas: Os Populares e o Cotidiano do Amor no Rio de Janeiro da "Belle Époque"*. Niterói, Dissertação de Mestrado da UFF, 1987, mimeo.

FEBVRE, L. *Combates pela História*. Lisboa, Ed. Presença, 1977, 2 vols.

FONSECA, G. *História da Prostituição em São Paulo*. São Paulo, Ed. Resenha Universitária, 1982.

FOUCAULT, M. *O Nascimento da Clínica*. 2.ª ed. Rio, Forense-Universitária, 1980.

─────. *Vigiar e Punir*. Petrópolis, Vozes, 1977.

─────. *Microfísica do Poder*. 5.ª ed., Rio, Graal, 1985.

———. *História da Sexualidade: A Vontade de Saber*. 3.ª ed., Rio, Graal, 1980, vol. I.
———. *História da Sexualidade: O Uso dos Prazeres*. Rio, Graal, 1984, vol. II.
———. *História da Sexualidade: O Cuidado de Si*. Rio, Graal, 1985, vol. III.
FOUCAULT, M. e Sennet, R. "Sexuality and solicitude", in *London Review of Books*, 21 may-3 june, 1981, pp. 4-7.
FREYRE, G. *Sobrados e Mucambos. Decadência do Patriarcado Rural e Desenvolvimento do Urbano*. 6.ª ed., Rio, J. Olympio, 1981, 2 vols.
GIMÉNEZ, G. "Teorías sobre las ideologias. Estado actual de la cuestión", in M. M. Toledo (org.). *El discurso político*. México, Nueva Imagen, 1980, pp. 65-90.
GRAMSCI, A. *Os Intelectuais e a Organização da Cultura*. 2.ª ed., Rio, Civ. Bras., 1978.
HOBSBAWM, E. "De la historia social a la historia de la sociedad", in C. F. S. Cardoso e H. P. Brignoli (org.). *Tendencias actuales de la historia social y demográfica*. México, SepSetentas, 1976, pp. 61-94.
LE GOFF, J. e Nora, P. (orgs.), *História: Novos Objetos*. Rio, F. Alves, 1976.
———. *História: Novos Problemas*. 2.ª ed., Rio, F. Alves, 1979.
LINHARES, M. Y. "As Listas Eleitorais do Rio de Janeiro no Século XIX. Projeto de Classificação Sócio-Profissional", in *Çahiére du Monde Hispanique et Luso-Brésilien*. Toulouse, Caravella, 1974.
LOBO, E. M. L. *História do Rio de Janeiro* (Do Capital Comercial ao Capital Industrial e Financeiro). Rio, IBMEC, 1978, 2 vols.
LOS RIOS FILHO, A. M. de. *O Rio de Janeiro Imperial*. Rio, A Noite, 1946.
LUZ, M. *As Instituições Médicas no Brasil*. 2.ª ed., Rio, Graal, 1981.
———. *Medicina e Ordem Política Brasileira. Políticas e Instituições de Saúde (1850-1930)*. Rio, Graal, 1982.
MACHADO, R. "Introdução: Por uma Genealogia do Poder", in M. Foucault, *Microfísica do Poder*. 5.ª ed., Rio, Graal, 1985.
MACHADO, R. e outros. *Danação da Norma. Medicina Social e Constituição da Psiquiatria no Brasil*. Rio, Graal, 1978.
MANTEGA, G. (org.). Sexo e Poder, in *Cadernos do Presente*. São Paulo, Brasiliense, 1979, n.º 3.
MARX, K. e Engels, F. *A Ideologia Alemã*. 2.ª ed., São Paulo, C. Humanas, 1979.

MATTOS, I. R. de. *O Tempo Saquarema*. São Paulo/Brasília, Hucitec/INL, 1987.

MILLIET, S. "A Prostituição na Colônia", in *Investigações*, São Paulo, Secretaria de Segurança Pública, jan. 1850, ano II, n.º 13.

NASCIMENTO, A. *O Centenário da Academia Nacional de Medicina do Rio de Janeiro, 1829-1929. Primórdios e Evolução da Medicina no Brasil*. Rio, Imprensa Nacional, 1929.

ORLANDI, E. P. *A Linguagem e seu Funcionamento. As Formas do Discurso*. São Paulo, Brasiliense, 1983.

PECHMAN, S. e Fritsch, L. "A Reforma Urbana e seu Avesso: Algumas Considerações a Propósito da Modernização do Distrito Federal na Virada do Século", in Cultura e Cidades, *Revista Brasileira de História*, São Paulo, ANPUH/Marco Zero, n.ºs 8 e 9, set. 1984/abr. 1985, pp. 139/195.

QUÉTEL, C. *Le mal de Naples. Histoire de la syphilis*. Paris, Seghers, 1986.

RAGO, M. *Do Cabaré ao Lar. A Utopia da Cidade Disciplinar — Brasil, 1890-1930*. Rio, Paz e Terra, 1985.

──────. "Prazer e Perdição: A Representação da Cidade nos Anos Vinte", in Cultura e Linguagens, *Revista Brasileira de História*, São Paulo, ANPUH/Marco Zero, vol. 7, n.º 13, set. 1986/fev. 1987, pp. 77-101.

RENAULT, D. "A Sociedade Fluminense no Século XIX", in *Indústria, Escravidão, Sociedade*. Rio, Civilização Brasileira, 1976. pp. 119-178.

REVISTA Médico Moderno. Rio, ano IV, vol. IV, n.º 6, jul 1985.

ROBIN, R. *História e Lingüística*. São Paulo, Cultrix, 1977.

ROCHA, O. P. *A Era das Demolições. Cidade do Rio de Janeiro: 1870-1920*. Niterói. Dissertação de Mestrado-UFF, 1983, mimeo.

ROMERO, J. L. *Latinoamérica: las ciudades y las ideas*. 2.ª ed., México, Siglo Veintiuno, 1976.

ROSEN, G. *Da Polícia Médica à Medicina Social*. Rio, Graal, 1980.

──────. "A Evolução da Medicina Social", in E. D. Nunes (org.). *Medicina Social. Aspectos Históricos e Teóricos*. São Paulo, Global, 1983, pp. 25-82.

SALLES, C. *Nos Submundos da Antigüidade*. São Paulo, Brasiliense, 1982.

SAMARA, E. de M. *A Família Brasileira*. São Paulo, Brasiliense, 1983.

SANTOS FILHO, L. *Pequena História da Medicina Brasileira*. São Paulo, Parma, 1980.

———. "Medicina no Período Imperial", in S. B. de Hollanda (org.). *HGCB*. 3.ª ed., São Paulo, Difel, 1976, t. II, vol. 3, L. III, cap. VIII, pp. 467-489.

SEVCENKO, N. *Literatura Como Missão. Tensões Sociais e Criação Cultural na Primeira República*. São Paulo, Brasiliense, 1983.

SILVA, J. L. W. e outros. *A Polícia na Corte e no Distrito Federal, 1831-1930*. Rio, PUC, 1981.

SOARES, L. C. *Prostituição e Homossexualismo no Rio de Janeiro no Século XIX. Ensaio de História Social Carioca*. Londres, University College London, 1985 (mimeo.).

SOIHET, R. *Vivências e Formas de Violência: Mulher de Classe Subalterna no Rio de Janeiro (1890-1920)*. São Paulo, Tese de Doutorado-USP, 1986, mimeo.

SOUZA, L. de M. e. *Desclassificados do ouro*. Rio, Graal, 1982.

VAINFAS, R. *Casamento, Amor e Desejo no Ocidente Cristão*. São Paulo, Ática, 1986.

——— (org.). *História e Sexualidade no Brasil*. Rio, Graal, 1986.

VÁRIOS. *Caminhos Cruzados. Linguagem, Antropologia e Ciências Naturais*. São Paulo, Brasiliense, 1982.

VÁRIOS. *Colcha de Retalhos. Estudos sobre a Família no Brasil*. São Paulo, Brasiliense, 1982.

VÁRIOS. *História Social. Fontes e Métodos*. Colóquio da Escola Normal Superior de Saint-Cloud, Lisboa, Cosmos, s/d.

VÁRIOS. *Níveis de Cultura e Grupos Sociais*. Colóquio da Escola Normal Superior de Paris, Lisboa, Cosmos, s/d.

VERÓN, E. *A Produção de Sentido*. São Paulo, Cultrix, 1980.

———. *Ideologia, Estrutura e Comunicação*. São Paulo, Cultrix, 1977.

Sobre a autora

Nasci e vivi na cidade do Rio de Janeiro e quase toda a minha vida morei no Grajaú.

Meu pai sempre se interessou muito pelas chamadas Ciências Humanas e eu procurava um meio de me tornar mais próxima dele e, assim, a História começou a pintar na minha vida. Mas a grande paixão seria mesmo despertada pelas aulas do Professor Manoel Maurício de Albuquerque, durante o cursinho de vestibulares.

Cursei a graduação entre 1975 e 1978 na Universidade Federal Fluminense, onde também realizei o curso de Mestrado, tendo defendido a dissertação em setembro de 1985 e posteriormente, de Doutorado em História, na Universidade Estadual de Campinas, onde desenvolvi uma pesquisa sobre a mulher e a instituição psiquiátrica no Rio de Janeiro (1880 a 1930).

Entrei para o magistério superior em março de 1979 como professora colaboradora da área de História do Brasil, na UFF.

IMPRESSÃO:

GRÁFICA EDITORA
Pallotti
IMAGEM DE QUALIDADE

Santa Maria - RS - Fone/Fax: (55) 222.3050
wwww.pallotti.com.br
Com filmes fornecidos